33_

GERHARD THEEWEN

OBSESSION · COLLECTION

D1735549

Obsession
Collection

——

GESPRÄCHE UND TEXTE
ÜBER DAS SAMMELN
VON UND MIT *Jean-Christophe Ammann*,
Daniel Buchholz, Eric Otto Frihd,
Hans Irrek, Walther König, Dieter Koepplin,
Paul Maenz, Hartmut Kraft, Reiner Speck
UND *Harald Szeemann*

EIN BUCH VON *Gerhard Theewen*

ODEON VERLAG

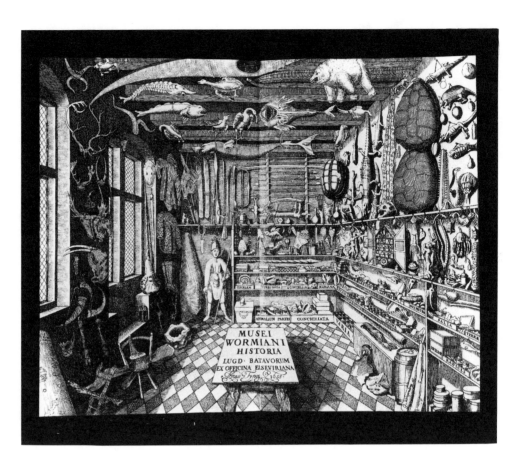

Gerhard Theewen

—

»Sammeln müssen«

> *Ich sehe unzählige Landschaften, fotografiere kaum eine*
> *von 100.000, male kaum eine von 100 fotografierten.*
> *Ich suche also etwas ganz Bestimmtes. Man kann daraus*
> *schließen, daß ich weiß, was ich will. Es findet jedesmal*
> *eine Entscheidung statt.*
> Gerhard Richter

Thema dieser Publikation ist die Leidenschaft als notwendige Voraussetzung für das Entstehen von Sammlungen. Es geht um Sammeln, aber auch um die zweite Bedeutung des Begriffs ›Collection‹, nämlich durchaus um den Begriff der ›Mustercollection‹, wie man sie z.B. von Vertretern in Sachen Mode kennt. In diesem Zusammenhang geht es auch um Auswahl im Sinne des Aussonderns aus der übergroßen Fülle von Vorhandenem, weswegen das Zitat von Gerhard Richter am Anfang steht. Der Aspekt der Kunst- und Wunderkammern des 16.–18. Jahrhunderts spielt ebenfalls eine Rolle, handelte es sich doch hier einerseits um den Versuch, die Welt ›begreifbar‹ zu machen, andererseits um die Vorstufe zum Museum, wie wir es heute kennen.

Wenn man sich dann Künstlern zuwendet, deren Werk Aspekte des Sammelns aufweist, wie Arman, Beuys, Boltanski, Broodthaers, Cornell, Droese, Feldmann, Polke, Spoerri, Tinguely..., wird deutlich, daß erst der Künstler als (Material-) Sammler zu entdecken ist, bevor man sich dem nicht weniger obsessiven Verhalten der Kunstsammler zuwendet. Die Nähe des leidenschaftlichen Sammlers zum Künstler ist ohnehin größer als gemeinhin angenommen. Marcel Duchamp hatte es so ausgedrückt: »Die eine Hälfte des Kunstwerks macht der Künstler, die andere Hälfte vollendet der Sammler«. Interessant ist darüber hinaus die Tatsache, daß viele Kunstsammler früher selbst künstlerisch tätig waren und teilweise heute noch sind, und auch die Rolle, die das Museum in den Überlegungen des obsessiven Sammlers spielt, ist beachtenswert; für den einen ist es die Erfüllung, seine Sammlung in einem möglichst den eigenen Namen tragenden Museum ausgestellt zu haben, andere wiederum wollen nach ihrem Tod die eigene Sammlung verkauft wissen, sozusagen als Steinbruch für andere, neue Sammler. Einige Aussagen von leidenschaftlichen Sammlern sollen das Bild abrunden: »Sammeln ist ein körperliches, existentielles Bedürfnis«, »Sammeln heißt große, dicke Stapel anlegen«, »Immer das sammeln, was andere nicht sammeln«, »Sammeln belastet die Familie und verschlingt ungeheure Mengen an Energie und Geld«, »Platzmangel war nie ein Grund gewesen, ein Stück abzuweisen«, »Junge Sammler sollten junge Künstler sammeln. Das sind die Meister von morgen.«

Ein weiterer Aspekt sind die Bibliographien und Werkverzeichnisse, die für manchen Sammler die Bibel sind, an der entlang er sammelt, sammeln muß. Gerade am Beispiel der Beuys-Multiples gibt es mehrere Fälle von Komplettierungswunsch oder -wahn. Jede Neuauflage des Verzeichnisses von Jörg Schellmann warf die bange Frage auf: »Habe ich auch die Nachträge schon?«

Das Kunstmagazin *Salon* mit Originalbeiträgen zeitgenössischer Künstler, Kunst als gedruckte Realisation einer Vorstellung von Kunst als öffentlichem Besitz und als Weiterführung einer begonnenen realen Kunstsammlung, war ausschlaggebend dafür, daß sich die Obsession für Bilder in meiner eigenen Arbeit niederschlug. Die *Originalreproduktion* als Endstadium bereits früher praktizierter Formen der Reproduktion war das Mittel, beide Obsessionen (»Kunst machen/Kunst sammeln«) zu verbinden. Es war die Möglichkeit, das »Sammeln müssen« als künstlerische Aussage zu realisieren.

Nachdem sowohl Künstler als auch Sammler wie unter Zwang bereit sind, jede Anstrengung auf sich zu nehmen auf der Suche oder gar auf der Jagd nach dem Objekt, dem Bild der Begierde, überholt scheinbar der Künstler den Sammler, wenn er ihm einen wichtigen Teil seiner Aufgabe abnimmt, nämlich eine Arbeit mit der gleichen Obsession zu realisieren, und so für den Sammler die Aufnahme in die eigene Sammlung geradezu zwingend wird. Künstler und Sammler werden eins, die Grenzen verschwimmen.

Dieses Buch ist als Lesebuch konzipiert und enthält als solches eine Sammlung der verschiedensten Aussagen und Ansätze zu einem Thema, das untrennbar mit dem Begriff Kunst verknüpft ist: Sammeln.

GERHARD THEEWEN

Hans Irrek

—

Obsession · Collection

In der vorliegenden Publikation finden sich einige Gedanken und Stellungnahmen zum Thema des Zusammentragens von Kunstgegenständen dargestellt. Hierbei soll lediglich in Anspruch genommen werden, auf bestimmte Aspekte des Sammelns hinzuweisen, Fragen aufzuwerfen und somit den Anstoß zu einer eindringlicheren Beschäftigung mit Sammlern und Sammlungen zu geben.

Tenor der Publikation ist, und daran ist vor allen Dingen gelegen, den Sammler als ›schöpferischen Menschen‹ darzustellen, die Vielfalt kultureller Ausdrucksformen anzuschneiden, denen auf diesem Gebiet begegnet werden kann.

Sammeln ist als kulturelle Leistung anzusehen und zu würdigen, was gerade demjenigen, der um das Geflecht gesellschaftlicher Verbindlichkeiten weiß, evident ist. Solche gesellschaftlichen Verbindlichkeiten werden in einer Vielzahl von Handlungsräumen wirksam.

Etwa dort, wo es um die Vermittlung der Inhalte und Objekte selbst geht; angesprochen ist das Verhältnis zwischen Sammler und Händler, das in geglückteren Variationen auf Dauer ausgelegt ist und sich anhand der Erwerbungen als Resultat einer Auseinandersetzung zwischen beiden Berufungen aufzeigen läßt.

Oder etwa dort, wo der Sammler, ein bestimmtes Niveau vorausgesetzt, gegenüber der Öffentlichkeit Verantwortlichkeit für die zusammengetragenen Objekte einzulösen hat, in Hinsicht nämlich darauf, für die Collection seiner Objekte konservatorische Maßnahmen zu treffen und für deren Erhalt im Sinne kultureller Gemeinsamkeit zu sorgen.

Schließlich aber dort, wo das Sammeln aus der Ambivalenz zwischen dem sinnstiftenden Ansatz etwas zu schaffen, das die eigene Person überhaupt erst im Bewußtsein nachfolgender Generationen erscheinen läßt und aus dem enzyklopädischen Antrieb des Sammlers, die Welt in erfaßbare Proportionen zu rücken, Energie zieht.

Eine solche Energie entsteht zunächst dort, wo der Sammler der beständigen Oszillation zwischen den bereits der Collection einverleibten Objekten und der Obsession ausgesetzt ist, weitere wichtige Stücke zu erwerben, die den Kreis seiner Begierde schließen. Im Augenblick der Obsession scheinen andere Gesetze zuständig als die alltäglicher Logik und vernünftiger Entscheidungen. Aus der Obsession heraus wird die Sammlung zu dem, was sie ist, Spiegelbild des Collecteurs, Ausprägung von Differenz zu anderen Sammlungen und somit Diskussionsgrundlage für den Austausch, der auf zwei Ebenen stattfindet:

Die Collection ist zugleich Zugang und Berechtigung, seine kulturellen Leistungen als ›Gleicher unter Gleichen‹ aufzuzeigen und somit im Flechtwerk von Sammlern, Museumsleuten, Ausstellungsmachern und Kunsthändlern als kompetenter und gesuchter Gesprächspartner Geltung zu erlangen. Zum anderen ist der Prozeß des Zusammenstellens einer Sammlung, und dies wird eigentliches Thema dieser Publikation sein, ein in sich geschlossener und, wie anzunehmen ist, höchst schöpferischer Prozeß.

Die Fragmente, Splitter, Befragungen und Bilder in dieser Publikation sind selbst Teil und Ausdruck leidenschaftlichen Sammelns. Obsession-Collection schließt damit an die Tradition des in den späten 70er und frühen 80er Jahren von Gerhard Theewen herausgegebenen *Salon* Magazins an. Die Zusammenstellung der Texte und Interviews ist niemandem verpflichtet und versteht sich auf das Prinzip des Interesses. Interesse zu haben, ist so gesehen bereits die Zusage, an der Lösung kultureller Problemstellungen mitzuwirken.

Der kleinen Publikation, die Serge Stauffer über die Aussagen und Interviewfragmente Marcel Duchamps veröffentlicht hat, ist es zu entnehmen: Bereits zu Anfang der fünfziger Jahre hat es Duchamp für die Kunst auf eine stimmige, prägnante Formel gebracht: »Der wahre Sammler ist meiner Meinung nach ein Künstler – im Quadrat. Er wählt seine Bilder aus und hängt sie sich an seine Wände: Mit anderen Worten, er malt sich seine Sammlung.«

Duchamp, der sich Zeit seines Lebens mit den verschiedenen Ausprägungen der Positionen und Stellungen im Umfeld der Kunst befaßt hatte, bestimmte seine Position auf den einzelnen Feldern je nach Neigung und Notwendigkeit, ohne sich jedoch festlegen zu lassen. Hinlänglich bekannt ist, daß sich Marcel Duchamp mit geradezu akribischer Präzision der Erstellung seiner theoretischen Begleittexte widmete, darüber hinaus war er, wie aus seinen Gesprächen mit Pierre Cabanne ersichtlich ist, durch bestimmte Notwendigkeiten auch Händler: 1925 wurde die Sammlung des bekannten Rechtsanwaltes John Quinn versteigert; hier bot Duchamp auf Bitte Brancusis auf dessen Skulpturen. Grund für diese zunächst seltsam anmutende Aktion war die Angst Brancusis, daß niedrige Gebote die Preise für seine Werke sinken lassen könnten. Duchamp war selbst hier in gewisser Hinsicht Vorläufer einer Entwicklung, die es ihm auf Grund bestimmter Kenntnisse erlaubte, auch in anderen Feldern tätig zu sein, ohne andere von der Ernsthaftigkeit seiner jeweiligen Unterfangen überzeugen zu müssen. Der Handel mit den zu jener Zeit erstandenen Brancusis erlaubte ihm eigenen Angaben zufolge, bis in die vierziger Jahre seinen Lebensstil zu finanzieren. Um zum eigentlichen Ausgangspunkt zurückzukehren, soll noch einmal Duchamp zu Wort kommen: »Katherine Dreier war auch die Begründerin dieser *Société Anonyme*, deren Vizepräsidenten Man Ray und ich waren, und die eine recht bedeutende Sammlung moderner Kunst zusammenbrachte. […]Der Name stammte von Man Ray. Und wir beabsichtigten, eine inter-

HANS IRREK

nationale Dauerausstellung zusammenzutragen, die dann später einem Museum gestiftet werden sollte.«

In der überwiegenden Zahl aller Fälle ist man in der Geschichte des Sammelns in erster Linie nicht darauf aus gewesen, den Bestand der Museen anzufüllen, obwohl dies mit einem Blick in die Vereinigten Staaten den Anschein hat. Hinsichtlich der griechisch römischen Antike ist die Anzahl der Überlieferungen und Vermutungen über einen lebhaften Handel mit Orginalen und Kopien reichhaltig. Die Maßlosigkeit erreicht mythologische Größe, führt man sich vor Augen, wie beispielsweise Gaius Verres wütete. Verres setzte sich hinweg über die Aufrechterhaltung sämtlicher existierenden Verbindlichkeiten und spezialisierte sich auf das Plündern von Tempelanlagen und antiken Heiligtümern. In seiner Besessenheit ging Verres soweit, beispielsweise den Minerva Tempel auf Syrakus zu plündern und die im Altertum gerühmten Tore des Heiligtumes als Flügeltüren vor die Räume seiner Sammlungen in Rom zu setzen. Obwohl die Versuche des Gaius Verres, seine Sammlung durch Grausamkeiten und Unrechtmäßigkeiten zu mehren, durch die von Cicero verfaßte, mehrere hundert Seiten umfangreiche Anklageschrift belegt sind, existieren über das Zusammentragen von Kunstgegenständen mehr Annahmen denn Fakten.

Den Kunstgegenstand als Objekt einer eigenen ästhetischen Wirkung wahrzunehmen, die als Statue, Bild oder Kunstgegenstand nicht mehr in Verbindung mit einer zweckgebundenen Verwendungsweise zu sehen ist, war eine der Errungenschaften, die den Sammlertypus der Renaissance forcierte. Verbunden hiermit konnte ein Kunsthandel entstehen, der sich nicht auf die Vermittlung von Auftragsarbeiten beschränkte, sondern ein Angebot über das bereits Vorhandene, über das Auswählbare unterbreiten konnte. Die Unterbreitung eines solchen Angebotes, zweckfrei und lediglich auf ästhetischen Wert und die Erweiterung der Kenntnisse basierend, dürfen wir in gewissem Maße als das Wecken von Bedürfnissen ansehen, die eben durch das Anbieten erst als Gegenstand des Begehrens entdeckt werden.

Der Fülle fürstlicher und munizipaler Galerien, wie sie in den letzten Jahrhunderten entstanden sind, haben Privatleute eine Konkurrenz entgegengesetzt, die neben dem Standpunkt der Erhaltung des Gesammelten vor allen Dingen die Möglichkeit enthielt, sich über die Objekte auf eine andere gesellschaftliche Basis zu katapultieren oder aber den bereits über Generationen erworbenen Status zu festigen und auszuweiten.

Die seit der Renaissance entstandenen Sammlungen geben immer wieder Anstoß, die verschiedenen, dahinterliegenden Intentionen zu erforschen. Das Bedeutungsgefüge von Sammlungen ist mit der ansteigenden Entdeckungsfreude und den sich verengenden Themen im Bereich der Kunstgeschichte zunehmend Ziel von Ausstellungen und Analysen geworden. Die Barnes Collection ist seit ihrer Aufarbeitung in der Pariser Ausstellung kaum noch Mythos, die stille und zurückhaltende Collection des Modigliani Förderers Dr. Alexandre wird in opulenten Katalogen an den Verkaufsständen der Museen angeboten.

Wer für sich selbst die Konstellation Obsession-Collection aufbrechen möchte, sollte sich möglichst abseits der gängigen Pfade halten. Bibliotheken spielen hier eine große Rolle, in ihrer Funktion nämlich über die einzelnen Kataloge diverser Sammlungsbestände assoziativ zu den fast vergessenen und eher seltenen Sammlungen zu kommen. Über die Zusammenstellung der Bilder, wie sie von den Medici oder Rudolf II. in Auftrag gegeben wurden, werden wir auf das komplexe Zusammenspiel historischer, sozialer und zunehmend, wie von Francis Haskell dargelegt, geschmacklicher Komponenten hingewiesen. Auf Grund des inzwischen für solche Forschungen reichhaltigen Materials, fällt es schwer, dort noch erweiternd einzugreifen. Weitere Fakten zu solchen grossen, zumeist höfischen Sammlungen sind Feinabstimmungen.

Ganz besonders durchleuchtet scheint das Gebiet der großen, in Amerika aufgebauten Sammlungen, wo sowohl Händler als auch Sammler gleichermaßen darum bemüht waren, die von einer solchen Sammlung ausgehende Reflexion dazu zu nutzen, einen premier etat, einen ersten Stand, zu bilden, der über das Anhäufen zumeist europäischer Kunstgegenstände, der amerikanischen Öffentlichkeit zu bedeuten wußte, wie man über den Aufbau von Stiftungen, Kulturinstitutionen und Museen in die Unsterblichkeit hinüberglitt.

Kleinere, intimere Sammlungen, die weniger laut und umfangreich daherkommen, und auch solche, die, schon nicht mehr existent, ihre Bestände über Kataloge und Verzeichnisse imaginär vermitteln, sind immer noch in der Lage, Fragen aufzuwerfen. John Soane, der englische Architekt, bietet Einblicke in sein Haus, das in jedem Winkel von der Besessenheit seines Erbauers zeugt. Tristan Tzara, aus dessen Bibliothek sich die individuelle Sicht auf eine der kulturell anregendsten Zeiten ableiten ließe. Die Sammlung Marina Picasso, – Zeichnungen des großen Spaniers noch aus der Zeit in Barcelona, dann solche aus der Blauen und Rosa Periode, in denen man bereits den Umbruch der Jahre nach 1907 zu spüren glaubt. Was schließlich ist aus der Pariser Berggruen Sammlung geworden? Was die russische Avantgarde betrifft, so ist sicherlich die ursprüngliche Zusammensetzung der Kurt Benedikt Sammlung russischer Avantgarde interessant, die im Zusammenspiel mit der bekannteren Sammlung Georg Costakis weniger bekanntere, aber spannende Bilder und Objekte aufzeigen könnte. Glänzendes Beispiel der Aufarbeitung einer solchen Sammlung ist die kurze Darstellung John Rewalds über die Sammlung Stein in Paris, anhand derer die Sammlung als gesellschaftliches Ereignis, Knotenpunkt individueller Vorlieben und biographischer Wandlungen dargestellt wird. Gerade der starke erzählerische Impuls, der von der Entstehungsgeschichte einer Sammlung auf die Entwicklung des Sammlers verweist, ist Antrieb, sich mit dem Sammeln als kulturelle Leistung auseinanderzusetzen.

Kein Angebot einer Problemlösung ohne das unmittelbare Auftauchen einer anderen Frage, eines anderen Problemes. In Hinsicht auf die in Collection/Obsession behandelte Frage nach den verschiedenen Intentionen und Ansichten der gestellten Thematik des Sammelns taucht die Frage nach der Überführung des Themas in eine nächste Verknüpfung, eine nächste Problematik und Fragestellung auf.

HANS IRREK

Eine der möglichen Fragestellungen, die sinnvollerweise das Thema zugleich erweiternd darstellen, gleichzeitig jedoch eine Überführung auf eine andere, nächste Themenebene anbieten, läßt sich aus dem Spannungsfeld zwischen privat ambitionierter Sammeltätigkeit und der auf öffentliche Präsentation ausgerichteten Sammlung von Museen andererseits ableiten.

Anhand der vom Solomon R. Guggenheim Museum herausgegebenen Broschüre zur offiziellen Eröffnungsausstellung im Jahre 1959 läßt sich das Ineinandergreifen von öffentlichem Interesse und privater Hilfestellung mittels Schenkungen aus Sammlungen dokumentieren. Dem damaligen Direktor, James Johnson Sweeney, ist es möglich anläßlich der Eröffnung neben der Übergabe einer Reihe qualitativ hochwertiger Gemälde und Skulpturen der Öffentlichkeit auch einen Block von 180 Werkbeispielen aus verschiedenen Schaffensphasen Kandinsky's vorzustellen, die über eine ganze Reihe von Jahren angekauft, ersteigert und als Stiftung eingebracht wurden. Auf den ersten Blick erscheint dieses Konvolut von Werken Kandinsky's eher einer obsessiv angelegten Privatsammlung zugehörig, als einer fest installierten Abteilung in einem öffentlich zugänglichen Museum. Wenn man die im nachfolgenden aufgeführte Liste der ausgestellten Objekte betrachtet, kann man eine ungefähre Vorstellung davon bekommen, mit welchem Nachdruck Personen wie James Johnson Sweeney ihre Position auch in das öffentliche Leben einbrachten und über die von ihnen geleitete Sammlung die Öffentlichkeit für das Wagnis der Moderne zu begeistern suchten. Vor allem aber ist die Person Sweeney in Hinsicht darauf interessant, in ihm einen mit besonderen Talenten ausgestatteten Sammler zu sehen. Die Position Sweeney's als Leiter des Guggenheim Museums bedingt ineinandergekoppelte Handlungsweisen. Als Sammler ist er immer schon gezwungen, die eigene Sammlung auch unter den Gesichtspunkten eines Historikers zu sehen; als Kurator sowie auch als antizipierender Betrachter des Präsentierten ist er gehalten, die Sammlung unter Gesichtspunkten der Vermittlung, der Edukation zu gestalten. Schließlich kommt jene gewisse Haltung hinzu, die es erlaubt, im Entscheidungsraum zwischen persönlichen Vorlieben und öffentlichen Erwartungen Erwerbungen zu tätigen, die sich im Rückblick späterer Jahrzehnte als ›Leistung‹ im eigentlichen Sinn beweisen. Unter all diesen Aspekten eine Sammlung aufzubauen, von der man sich spätestens angesichts der Verantwortungsübergabe zu trennen hat, stellt dies bereits einen schöpferischen Vorgang dar, der eben durch die Zusammenstellung, also das Bild der Sammlung nach außen, belegt ist.

Ein solcher Prozeß, nämlich die Selektierung einzelner Werke und deren Zusammenstellung zu einem großen Ganzen, hat bereits in der abstrakten Leistung Bestand. Sich anhand der Aufzählung von Künstlernamen und angefügten Werktiteln und Datierungen die Sammlung als Bild in seiner Vorstellung zu imaginieren, sei hiermit zur Diskussion gestellt. Sich solchermaßen über die Vorstellung von Werken wiederum Vorstellungen zu bilden, gehört als reflexiver Akt in die schöpferische Grundausstattung, die uns dazu befähigt die Summe unserer kulturellen Einsichten zu erweitern.

INAUGURAL

THE SOLOMON R. GUGGENHEIM MUSEUM

SELECTION

AFRO BASALDELLA 1912–
For an Anniversary. 1955. Oil on canvas, 59 x 78¾".
Gift, Mr. and Mrs. Joseph Pulitzer, Jr., St. Louis, 1958.

JOSEF ALBERS 1888–
b and p. 1937. Oil on pressed wood, 23¾ x 23¾".

KAREL APPEL 1921–
Two Heads. 1953. Oil on canvas, 78¾ x 29½".

JEAN ARP 1887–
Constellation in Five White Forms and Two Black, Variation III. 1932.
Oil on wood, 23⅝ x 29⅝".

MARTIN BARRE 1924–
Greenwich. 1957. Oil on canvas, 47¼ x 78¾".

PIERRE BONNARD 1867-1947
Dining Room on the Garden. Before 1933. Oil on canvas, 50 x 53⅜".

CONSTANTIN BRANCUSI 1876-1957
Muse. 1912. Marble, 17½" high; wood base, 29" high. Gift, Ardé Bulova, 1958.
Sorceress. 1916. Wood, 39⅜" high; limestone base, 5⅞" high.
Oak base. 1920. Oak, three sections, 38⅝" high.
Adam and Eve. 1921. Chestnut, one section, old oak, two sections, 88½" high; limestone base, 5¼" high.
King of Kings. Wood, 118⅛" high.
Miracle. 1936. Marble, 43" high; base of two limestone sections, 21⅝" high.
Flying Turtle. After 1943. Marble, 17⅞" high; stone base, 11" high.

GEORGES BRAQUE 1882–
Piano and Lute. 1910. Oil on canvas, 36⅛ x 16⅞".
Violin and Palette. 1910. Oil on canvas, 36¼ x 16⅞".

VICTOR BRAUNER 1903–
Spread of Thought. July 1956. Oil on canvas, 28⅜ x 23½".
Gift, Mr. and Mrs. Jean de Menil, Houston, 1958.

JAMES BROOKS 1906–
Dolamen. 1958. Oil on canvas, 66¼ x 28".

ALBERTO BURRI 1915–
Wood and White, 1. 1956. Oil, tempera and wood on canvas, 34½ x 62⅝".

ALEXANDER CALDER 1898–
Mobile. 1936? Wood, metal, cord, circa 67" high.
Gift, Frank Brookes Hubachek, Chicago, 1954.
Constellation. 1943. Wood, metal, circa 14" deep.
Gift, Frank Brookes Hubachek, Chicago, 1954.

PAUL CEZANNE 1839-1906–
The Clockmaker. 1895-1900. Oil on canvas, 36¼ x 28¾".

MARC CHAGALL 1889–
Paris Through the Window. 1913. Oil on canvas, 52⅜ x 54¾".
Green Violinist. 1918. Oil on canvas, 77¾ x 42¾".

EDUARDO CHILLIDA 1924–
From Within. March 1953. Forged iron, 38¾" high.

CARMEN CICERO 1926–
The Warrior. 1955. Oil on canvas, 48⅛ x 36⅛".

STUART DAVIS 1894–
Cliché. 1955. Oil on canvas, 56¼ x 42".

ROBERT DELAUNAY 1885-1941
St. Severin. 1909. Oil on canvas, 44⅞ x 35⅛".
Eiffel Tower. 1910. Oil on canvas, 79¾ x 54⅝".
Window on the City, No. 4. 1910-11. Oil on canvas, 44¾ x 51½".
Windows (Simultaneous Composition, 2nd Motif, 1st Part). 1912. Oil on canvas, 21¾ x 18⅜".
Circular Forms. 1912? Oil on canvas, 50⅝ x 76⅞".
Eiffel Tower. 1914. Oil on canvas, 49½ x 36⅛".

RALPH S. DU CASSE 1916–
Strahmutchi. 1954. Oil on canvas, 55 x 60⅛".

JEAN DUBUFFET 1901–
Door with Couch-Grass. October 1957. Oil on canvas with "assemblage", 74⅜ x 57½".

MAX ERNST 1891–
Anxious Friend. 1944. Bronze, 26⅜" high.
Gift, Mr. and Mrs. Jean de Menil, Houston, 1958.

LYONEL FEININGER 1871-1956
Gelmeroda IV. 1915. Oil on canvas, 39⅛ x 31¼".
Cloud. 1936. Oil on canvas, 19 x 15¾".

SAM FRANCIS 1923–
Red and Black. 1954. Oil on canvas, 76⅛ x 38⅛".

ALBERT GLEIZES 1881-1953
Portrait of an Army Doctor. Toul, 1914. Oil on canvas, 47¼ x 3

NATHALIE GONTCHAROVA 1881–
Cats. 1910? Oil on canvas, 33½ x 33¾".

ADOLPH GOTTLIEB 1903–
W. 1954. Oil with sand on canvas, 72 x 36".

JUAN GRIS 1887-1927
Roof Tops. 1911. Oil on canvas, 20⅝ x 13½".
Fruit Bowl on Checkered Cloth. November 1917. Oil on wood, 31¾ x 21⅜".

JOSE GUERRERO 1914–
Signs and Portents. 1956. Oil on canvas, 69¼ x 98½".

SIMON HANTAI 1922–
Cut Emerald Eye. February 1950. Oil on canvas, 37¼ x 35¾".

HANS HARTUNG 1904–
T-50 Painting 8. 1950. Oil on canvas, 38⅛ x 57½".

DAVID HAYES 1931–
Animal and Young. November 1957. Forged steel, 35" high.

AUGUSTE HERBIN 1882–
Composition on the Name "Rose." 1947. Oil on canvas, 32 x 25⅝".

VASILY KANDINSKY 1866-1944
Black Lines, No. 189. 1913. Oil on canvas, 51¼ x 51⅜".
Dominant Curve, No. 631. 1936. Oil on canvas, 50⅞ x 76½".

PAUL KLEE 1879-1940
Before the Festivity, 177. 1920. Watercolor and ink, 12¼ x 9⅜"; paper mount, 14¾ x 12⅞".
Red Balloon, VI 179. 1922. Oil on gauze mounted on board, 12½ x 12¼".
Contact of Two Musicians, 93. 1922. Mixed media on gauze, 18 x 12"; gouache on paper mount, 25¼ x 19".
Dance, Monster, To My Soft Song, 54. 1922. Mixed media on gauze, 14¼ x 11½"; gouache on paper mount, 17¾ x 12⅞".
Tropical Gardening, VI 55. 1923. Watercolor and ink, 7⅜ x 18"; gouache on paper mount, 9⅝ x 22¼".
Open Book, E6. 1930. Oil on canvas, 17⅞ x 16¾".
The Revolution of the Viaduct (on Flowered Ground). 1937. Charcoal on cloth, 16¾ x 16⅜"; paper mount, 19⅝ x 18½".
Severing of the Snake. 1938. Tempera on burlap, 20½ x 15½".

FRANZ KLINE 1910–
Painting #7, 1952. Oil on canvas, 57½ x 81¾".

WILLEM DE KOONING 1904–
Composition. 1955. Oil on canvas, 79⅛ x 69⅛".

WIFREDO LAM 1902–
Rumblings of Earth. 1950. Oil on canvas, 59¾ x 112".
Gift, Mr. and Mrs. Joseph Cantor, Indianapolis, 1959.

ANDRE LANSKOY 1902—
Voyage to Arles. 1953. Oil on canvas, 38⅜ x 51⅝".

MICHEL LARIONOV 1881—
Street with Lanterns. 1910. Oil on burlap, 13⅝ x 20".

FERNAND LEGER 1881-1955
Nude Model in the Studio. 1912. Oil on burlap, 50¼ x 38⅜".
Clock. March 1918. Oil on burlap, 19⅞ x 24¼".
Mural Painting. 1924-25. Oil on canvas, 71 x 31⅝".
Composition. 1925. Oil on canvas, 51⅛ x 38¾".
Woman Holding a Vase. 1927. Oil on canvas, 57⅝ x 38⅝".

JACQUES LIPCHITZ 1891—
Standing Personage. 1916. Stone, 42½" high.
Return of the Child. 1941. Granite, 45¾" high.

ARISTIDE MAILLOL 1861-1944
Pomona with Lowered Arms. 1937. Bronze, 65¾" high.

KASIMIR MALEWITCH 1878-1935
Morning in the Country after Rain. 1911. Oil on canvas, 31½ x 31⅜".

ALFRED MANESSIER 1911—
Variation of Games in the Snow. 1951. Oil on canvas, 19¾ x 24⅛".

FRANZ MARC 1880-1916
The Unfortunate Land of Tyrol. 1913. Oil on canvas, 52 x 79".

ETIENNE-MARTIN 1913—
Anemone. 1955. Elm wood, 43½" high.

GEORGES MATHIEU 1921—
Painting. 1952. Oil on canvas, 78¾ x 118".

JEAN METZINGER 1883-1956
Still Life. 1916. Oil on canvas, 28 x 21".

JOAN MIRO 1893—
Landscape. 1927. Oil on canvas, 51¼ x 76¾".

JOAN MIRO and JOSEPH LLORENS ARTIGAS
Portico. April 1956. Ceramic, nine sections, 98" high.

AMEDEO MODIGLIANI 1884-1920
Nude. Paris, 1917. Oil on canvas, 28¾ x 45¾".
Boy in Blue Jacket. 1918. Oil on canvas, 36½ x 24¼".
Yellow Sweater. 1919? Oil on canvas, 39⅜ x 25½".

LASZLO MOHOLY-NAGY 1895-1946
A II. 1924. Oil on canvas, 45⅝ x 53¾".

PIET MONDRIAN 1872-1944
Composition 7. 1913. Oil on canvas, 41⅛ x 45".

KYLE MORRIS 1918—
Blue and Black. Fall 1953. Oil on canvas, 54½ x 80½".

BEN NICHOLSON 1894—
Night Facade. December 1955. Oil on pressed wood, 42½ x 45¾".

ANTOINE PEVSNER 1886—
Twinned Column. 1947. Bronze, 40⅜" high.

PABLO PICASSO 1881—
Still Life. 1908. Oil on canvas, 28¾ x 25⅝".
Accordionist. Céret, 1911. Oil on canvas, 51¼ x 35¼".
Mandolin and Guitar. Juan-les-Pins, 1924. Oil with sand on canvas, 56⅛ x 79¾"

SERGE POLIAKOFF 1906—
Composition. 1950. Oil on plywood, 51⅜ x 38¼".

JACKSON POLLOCK 1912-1956
Ocean Greyness. 1953. Oil on canvas, 57¾ x 90⅛".

WILLIAM RONALD 1926—
Earth. 1956. Oil on canvas, 48¼ x 46¼".

HENRI ROUSSEAU (Le Douanier) 1844-1910
Artillerymen. Circa 1895. Oil on canvas, 31¾ x 39½".

KURT SCHWITTERS 1887-1948
Merzbild 5 B (Bild rotHerz-Kirche). April 26, 1919.
Collage, tempera and conté crayon on board, 32⅞ x 23⅝".

WILLIAM SCOTT 1913—
Yellow and Black Composition. 1953. Oil on canvas, 60⅛ x 40".

IAROSLAV SERPAN 1922—
Saadestakso. May 26, 1956. Oil on canvas, 45½ x 34¾".

GEORGES-PIERRE SEURAT 1859-1891
Seated Woman. 1883. Oil on canvas, 15 x 18¼".

PIERRE SOULAGES 1919—
Painting. November 20, 1956. Oil on canvas, 76¾ x 51⅛".

KUMI SUGAI 1921—
Shiro. (White). June 1957. Oil on canvas, 63⅝ x 51".

PIERRE TAL COAT 1905—
Green Note. 1952. Oil on canvas, 38¼ x 51¼".

ANTONI TAPIES 1923—
Great Painting. 1958. Oil and sand on canvas, 79 x 102⅝".

VICTOR DE VASARELY 1908—
Kandahar. 1950-52. Oil on pressed wood, 39⅜ x 42⅝".

MARIA HELENA VIEIRA DA SILVA 1908—
Aix-en-Provence. 1958. Oil on canvas, 63⅞ x 57⅝".

JACQUES VILLON 1875—
Color Perspective. 1921. Oil on canvas, 21⅜ x 28⅝".
Gift, Katherine S. Dreier Estate, 1953.
Portrait of Artist's Father. 1924. Oil on canvas, 21⅛ x 18¼".

TAKEO YAMAGUCHI 1902—
Work-Yellow. 1958. Oil on plywood, 71⅞ x 71⅞".

ADJA YUNKERS 1900—
Composition in Black and Ochre. March 11, 1957. Oil on canvas, 48⅛ x 37⅞".

VASILY KANDINSKY GALLERIES
Portrait of Maria Krushchov. 1900. Oil on canvas, 59⅛ x 37⅜".
Blue Mountain, No. 84. 1908. Oil on canvas, 42 x 38½".
Crinolines, No. 89. 1909. Oil on canvas, 37½ x 59¼".
Composition, No. 2. 1910. Oil on canvas, 38⅜ x 51¾".
Pastorale, No. 132. 1911. Oil on canvas, 41⅛ x 61¾".
Rain. 1911? Oil on canvas, 27⅞ x 31".
Picture with White Edge, No. 173. 1913. Oil on canvas, 55⅜ x 79".
Light Picture, No. 188. 1913. Oil on canvas, 30¾ x 39½".
Painting (Autumn). 1914. Oil on canvas, 64 x 48¼".
Painting (Winter). 1914. Oil on canvas, 64⅛ x 48⅜".
Blue Segment, No. 235. 1921. Oil on canvas, 47⅜ x 55⅛".
Circle on Black, No. 241. 1921. Oil on canvas, 53⅞ x 47½".
Blue Circle, No. 242. 1922. Oil on canvas, 42⅞ x 39".
In the Black Square, No. 259. 1923. Oil on canvas, 38⅜ x 36¾".
Extended, No. 333. 1926. Oil on wood, 37½ x 17½".
Pointed Accents, No. 342. 1926. Oil on canvas, 31 x 49¼".
Three Sounds, No. 343. 1926. Oil on canvas, 23⅝ x 23⅜".
Two Sides Red, No. 437. 1928. Oil on canvas, 22¾ x 17⅛".
No. 609. 1934. Oil with sand on canvas, 32 x 39⅜".
Accompanied Contrast, No. 613. 1935. Oil with sand on canvas, 38⅛ x 63¾".
Green Accent, No. 623. 1935. Oil on canvas, 32 x 39⅜".

The Solomon R. Guggenheim Museum 1071 Fifth Avenue, New York City

Im Dezember 1984 eröffnet im Amsterdamer Stedelijk Museum die Ausstellung *La Grande Parade*, benannt nach dem 1954 fertiggestellten Gemälde Fernand Legers. In bezug auf die Ausstellung selbst, entfaltet der Bildtitel ein Gefüge von Bedeutungen, die sowohl in Hinblick auf das Bild Leger's als auch auf die präsentierten Exponate selbst abzielten. Für Leger, der im anläßlich der Ausstellung erschienenen Katalog, zitiert wird, hat das Bild besondere Bedeutung: ...»Ich arbeitete zwei Jahre, um *La Grande Parade* zu beenden. Ich überlege lange und arbeite äußerst langsam. Ich weiß nicht, wie man improvisiert. Je mehr ich mich selbst befrage, desto mehr erkenne ich, daß ich ein klassischer Künstler bin .« Für Leger ist *La Grande Parade* ein Werk, in dem sozusagen Bilanz gezogen wird. Mit dem vergewissernden Rückblick auf die davorliegenden Jahre sieht sich Leger in der Selbstbefragung als mehr und mehr klassischen Künstler, dessen Werk über die Periode seiner Entstehung hinaus Gültigkeit und Aktualität beweist.

Eine sinnvolle Übersetzung finden die zitierten Zeilen Leger's in der Besetzungsliste der *Grande Parade*, der Ausstellung selbst. Edy de Wilde, der mit dieser letzten Präsentation malerischer Positionen seinen zurückliegenden Erfahrungen Platz einräumt und die Werke zur Diskussion stellt, liegt daran, die Visionen künstlerischen Schaffens zu vermitteln, die sich seit den 1940er Jahren formuliert haben. Die ausgewählten Bilder sind zugleich Angebot, die Manifestation künstlerischer Formulierungskraft nachzuvollziehen und daran die individuellen Beiträge der gezeigten Künstler zu diskutieren wie auch die Dokumentation der über Jahrzehnte andauernden Passion de Wilde's für die moderne Kunst. Auszüge aus einer Liste der Exponate sind imstande deutlich zu machen, welchen Künstlern Passion, Interesse und Neugier de Wilde's zuteil wird.

Mit Braque, Beckmann, Dubuffet, Giacometti, Matisse, Mondrian, Picasso und Miro scheint die Ausstellung den Charakter einer Sammlung anzunehmen, welche die wesentlichen Impulse und Brüche der Moderne in sich vereint. Somit also ist diese letzte Ausstellung de Wilde's für das Stedelijk bereits dem Sinn nach eine Sammlung. Und tatsächlich scheint es, daß sich die Essenz der Erfahrungen in dieser temporären Sammlung vermitteln läßt. Das wird besonders deutlich, wenn es darum geht, Material anzubieten, das imstande ist, die Grundpositionen einer Entwicklunggeschichte der Malerei im Sinne individuell stilistischer Ansätze eines Cy Twombly, eines Jackson Pollock, eines Willem de Kooning oder eines Yves Klein zu erweitern. Nach Jahren erst wird man sich des Wertes eines solchen Ausstellungskonzeptes bewußt: Von der Erfahrung eines Mannes zu profitieren, dessen Sehen sich an den durch Malern aufgeworfenen Frage-stellungen geschärft hat. Die Verdichtung seiner Auseinandersetzung mit der Kunst war, faßt man sie in dem hier dargestellten Sinne auf, in der Lage, dem Betrachter der ausgestellten Exponate neue Sichtweisen über die dargestellten Ansätze auszubilden. Wenn Edy de Wilde seinen Katalogtext zur Ausstellung mit einem Satz des Patrons der amerikanischen Malerei, Barnett Newmann, beschließt,– »the artist must open up vistas«, so wird dies in einem weiteren Rahmen bedeutsam, wenn man es unter der Prämisse der Vermittlung betrachtet: Den Dialog zwischen dem Auge und den Ideen, zwischen dem Auge und den Emotionen und zwischen dem Auge und dem Intellekt her-

HANS IRREK

zustellen. Im Übertragenen war *La Grande Parade* keine konventionelle Ausstellung, war wohl eher, wie bereits angedeutet, eine Sammlung von Erfahrungen, die in Bildern focussierte, war Geschenk und Herausforderung an eine Öffentlichkeit, welche in den fünf Monaten der Präsentation so zahlreich wie interessiert die Nähe der Bilder suchte.

Kunstsammlung NRW – Werner Schmalenbach

Es gibt viele und vor allen Dingen gute Gründe, sich bei der Beschäftigung mit den verschiedenen Äußerungsformen des Sammelns der Kunstsammlung NRW in Düsseldorf zuzuwenden. Seit ihrem Bestehen und über einen Zeitraum von fast 30 Jahren hat Werner Schmalenbach deren Geschicke mit außergewöhnlicher Sachkenntnis und der ihm eigenen Verve geführt. Zustande gekommen ist eine selbst für europäische Verhältnisse unkonventionelle Sammlung. Unkonventionell vor allem deshalb, weil es schwierig sein dürfte, die von Schmalenbach gestaltete Sammlung auch nur in ähnlicher Art und Weise zusammenzustellen. Versucht man nachzuvollziehen, mit welcher Intuition und Energie die Gestalt der Sammlung seit den 60er Jahren Form annahm, fragt man sich unwillkürlich nach dem Antrieb, der Motivation, ein solches Unternehmen zu steuern. Ich möchte hier auf einen kurzen Auszug aus den Schriften Max Beckmanns zur Malerei verweisen. Dort notiert er 1938: »Meine Ausdrucksform ist nun einmal die Malerei. Belastet – oder begnadet mit einer furchtbaren vitalen Sinnlichkeit muß ich die Weisheit mit Augen suchen«.

Ohne diese von Max Beckmann beschriebene vitale Sinnlichkeit wäre es Werner Schmalenbach wohl nicht gelungen, die jetzt vorliegende Auswahl der Exponate vorzunehmen. Dabei dürfte die direkte Faszination der Bilder, das sofortige Ansprechen einer im Bilde liegenden Stimmigkeit in erster Linie Anlaß gewesen sein, das Bild vor dem Abtauchen in die Anonymität irgendeiner Sammlung für die Öffentlichkeit zu retten. Mit dem, was hier an Exponaten über die Jahre zusammengetragen wurde, läßt sich das Abenteuer der Moderne über die Netzhaut nachvollziehen. Ein präziser Pfad, eine Geschichte der Kunst wird hier dargestellt, die jenseits intellektueller Verrenkungen durch die unmittelbare Bildwirkung besticht. So beispielsweise in der Darstellung malerischer Programme bei Kandinsky und Mondrian, in der Übermittlung der Brüche und Richtungen seit dem Anfang dieses Jahrhunderts. Bestrebungen und Ausarbeitungen künstlerischer Formulierungskraft,– was jemals im Gang der Moderne virulent wurde, es hat hier einen Platz gefunden. Die freigesetzten Energien einer solchen Ansammlung von Bildern vermögen noch eine ursprüngliche Begeisterung zu wecken, ermöglichen das Eintauchen in Bildwelten. Kontemplation, in früheren Zeiten die höchste Art der Selbstreflexion, eröffnet für den Betrachter die Möglichkeit, sich der Außenwelt in einer produktiven Form zu entziehen. Als Werner Schmalenbach Anfang der 60er Jahren mit einem Konvolut von 88 Klee Aquarellen und Zeichnungen begann, hatte er Glück. An einem Montag oder Dienstag begann er mit dem Aufbau dieser Sammlung, die sich nach und nach zu einem Raum entwickelt hat, in dem der Betrachter seine Erwartungen an die Kunst durch die Befragung der Werke überprüfen kann. Einschränkungen im finanziellen Bereich existierten nicht, und so konnte die Gestaltung der Sammlung über den Erwerb einzelner Werke beginnen. Das Rezept für den Erwerb der Bilder ist bereits durch deren Vorhandensein begründet. Für den Sammler bedarf es keiner rationalen Erklärung bezüglich der Obsession, die Gegenstände hervorrufen können. Die Bilder von Magritte, von Modigliani, Picasso und Rouault, von Delauney und Schwitters haben an ihrer Ausstrahlung bis heute nichts eingebüßt, und es ist ein leichtes nachzuvollziehen, wie enorm stark der Impuls ist, ein solches Bild besitzen zu wollen, ja es haben zu müssen. Die eigentliche Leistung eines Werner Schmalenbach erscheint aber erheblich weiter gefaßt: die Auswahl der Bilder so profund getroffen zu haben, daß gerade durch die Differenz der diversen Formulierungsansätze die Zusammenhänge untereinander mitschwingen. In der Antizipation der Wertigkeiten solcher Käufe hat sich bewiesen, warum Schmalenbach nur seinem Instinkt und den vom Bilde ausgehenden Impulsen vertraut.

Die voranstehenden Skizzen weisen auf Schnittpunkte hin, die unter anderem aus der Bewertung der verschiedenen Ansatzpunkte resultieren, in der man einen Sammler oder die Tätigkeit des Sammelns erkennen kann. Längst haben sich die klaren Strukturen verwischt, die es ermöglichen, jede Personen immer im scharf umrissenen Feld ihrer Funktion zu sehen. Daniel Henry Kahnweiler, der die ungeheure Kraft des Prinzips der Formzerschlagung durch den Kubismus erkannte, stand nicht nur Braque, Picasso und Gris zur Seite. Er entwickelte parallel zu den Künstlern die Fähigkeiten seiner eigenen Person. So war er zugleich Kunsthändler, Theoretiker und auch Verleger,– eine Position, von der er die Ansätze der Moderne in Kunst und Dichtung aus nächster Nähe beobachten konnte und auf Grund seiner Kenntnisse dort erweiternde Angebote einbringen konnte. Diese Anlage zu multiplen Handlungsweisen findet man beispielsweise auch bei Personen wie E.L.T. Mesens, dem belgischen Komponisten, Ausstellungsmacher, Händler, Theoretiker und Künstler, dessen Talente von Magritte, Breton und anderen außergewöhnlich eingeschätzt werden. Unter diesem Gesichtspunkt scheinen wir an einem Punkt angelangt, der es erlaubt, auch solchen, manchmal etwas suspekt anmutenden, Leistungen nachzugehen und einer näheren Betrachtung zu unterziehen. Suspekt, im höchsten Maße verdächtig wirken solche Talente eben dadurch, daß sie sich zumeist einer Einordnung entziehen. Dem kulturellen Potential, dem Reichtum an Anregungen und Ideen, das man den Bibliotheken und Archiven solcher ›Sammler‹ entnehmen kann, wird man in Zukunft mehr Interesse zuwenden müssen.

Gleichermaßen autonomes Kunstwerk wie auch Demonstrationsobjekt zahlreicher Bildzusammenhänge zeigen die *Orginalreproduktionen* Gerhard Theewens, daß der Anspruch auf das Erfassen von Bildwelten in Form von Sammlungen gerade dann berechtigt ist, wenn es dem Sammler über das einzelne Exponat hinaus gelingt, die Sammlung als ein harmonisches Ganzes darzustellen, an dessen inhaltlicher und ästhe-

HANS IRREK

tischer Form seine Fähigkeit gewachsen ist, interessiert, beschreibend und erweiternd auf seine Umwelt einzuwirken.

Sammlungen sind im besten Sinne thematische Zusammenstellungen, anhand derer Problemstellungen und Themen der Malereigeschichte verdeutlicht werden können. Als fundierter Theoretiker ist Theewen ja dazu angehalten, für die Vermittlung und Übertragung sowohl seiner Kenntnisse wie auch seiner Problematisierungen, adäquate Vermittlungswege zu finden. Als Künstler hat er längst erkannt, daß sich der Vorrat an Bildern nur noch durch Feinabstimmungen erweitern läßt. Augenscheinlich ist damit die Richtung bestimmt: Wozu sich beständig auf die Schaffung neuer Bildwelten stürzen, wenn die Auflösung alter Bilder und Fragestellungen noch nicht einmal ansatzweise gelöst ist. Als Mittel künstlerischer Gestaltung sind die Orginalreproduktionen auch immer klug eingesetzte Kommunikationsträger, die dem Betrachter eine Fülle von Assoziationen und Interpretationsmustern offerieren. Solche Offerten dürfen als Signale und Aufforderungen an den Betrachter gedeutet werden, in bezug auf die Beschäftigung und Erhaltung erinnernswerter Kunstgegenstände und Bildwelten selbst wirksam und tätig zu werden, das Angebot des Künstlers wahrzunehmen, die aus den Orginalreproduktionen zusammengesetzten Sammlungen weiterzuentwickeln.

Sammlungskataloge über die Bestände der größeren Collectionen existieren zumindest in Europa und Amerika in umfangreicher Anzahl, und auch die Anzahl der psychologischen Stellungnahmen und Ausdeutungen dieser kulturellen Obssesion ist in den letzten Jahren erheblich angestiegen.

Wenn sich in dieser Kürze auch nur annährend die Facetten eines solchen Themas vermitteln sollen, so scheint trotzdem der Weg über die präzise Beschreibung jeder nennenswerten Sammlung hier nicht angebracht. Vielmehr ist daran gelegen, im Sinne eines Angebotes den Blick über die Sammlungen einiger Sammler streifen zu lassen.

Der Künstler als Sammler. Die Warhol-Collection

Unter den in der Öffentlichkeit nach dem Tode des Sammlers bekannt gewordenen Sammlungen, ist wohl jene Andy Warhol's vom Publikum mit der größten Aufmerksamkeit bedacht worden. Der 1987 von Sotheby's New York anläßlich einer Auktion herausgegebene mehrbändige Katalog, deren Erlöse einer nach dem Verstorbenen benannten Stiftung überschrieben wurden, führt detailreich aus, welche Begierden Warhol im Ankauf von Objekten verschiedenster Art und Güte geltend machte. In zwei dem Katalog vorangestellten Vorworten äußern sich Henry Geldzahler und Fredrick W. Hughes zum obsessiven Sammeltrieb Warhols. Hughes, der Warhol 1966 durch den amerikanischen Architekten Philip Johnson vorgestellt wurde, weiß sich zu erinnern, daß die Sammelleidenschaft Warhols durch Filmmagazine ausgelöst wurde, denen er den Hollywood-Glamour der 50er Jahre entnahm. Hinsichtlich der späteren Übersetzung einer solchen Obsession auf die Editorenschaft von *Interview* scheinen die Ausführungen Hughes schlüssig.

Wenn man den Ausführungen Hughes nämlich Glauben schenken darf, so war der Sammler Warhol als schwierig zu bezeichnen,– oft war nicht so genau herauszubekommen, worauf er sein Augenmerk besonders richtete, oder wieviel er bereit war, für die begehrten Objekte zu zahlen. Man fühlt sich an eine Beschreibung aus Christoph Asendorfs Buch *Batterien der Lebenskraft* erinnert, die überschrieben ist: »Der Sammler und sein Schatz – Ein ganz heimliches Privatverhältnis«. Ein solches Privatverhältnis bildete Warhol in den Jahren seit 1974 verstärkt aus. Eher darauf ausgerichtet, das Gesammelte sicher verstaut in Lagerräumen zu wissen, denn es in seiner Umgebung auszustellen, mietete er ein großes Haus an. Jenes Haus, an der 66. Straße gelegen, war für Warhol Zuflucht wie auch Lagerraum seiner umfangreichen Sammlung. Geht man den umfangreichen Katalog durch, entsteht ein Gefühl für das vielseitige Interesse an den Gegenständen, das Warhol entwickeln konnte. Die Vermutung liegt nahe, daß die Sammelleidenschaft Warhols Art war, die Welt zu begreifen und sie sich erträglich zu machen. Das mag die weitgefächerte Anlage der Sammlung selbst erklären: Konvolute von Zeitschriften, mit indianischer Kunst und Textilien angefüllte Räume, französische Antiquitäten und Art Deco Möbel, amerikanische Gebrauchskeramik, Keksdosen, Uhren und Schmuck. Schließlich die Kunst, die Warhol erworben oder mit Kollegen getauscht hatte: Zeichnungen von Cocteau und Pavel Tchelichev, Bilder und Objekte von Johns, Rauschenberg, Twombly, Rosenquist, Basquiat und anderen. Nimmt man den Katalog der Nachlaß-Auktion des amerikanischen Photographen Robert Mapplethorpe zur Hand, wird man sehr direkte Parallelen zur Warhol-Collection entdecken, nämlich den Hang zum Konservativen. Ein für Warhol wichtiger Effekt war, daß er über seinen Sammeltrieb und die Ausrichtung seines Geschmacks immer neue, kulturelle Impulse empfing, die es ihm auch ermöglichten, mit geschultem Blick Dinge wahrzunehmen, die in der Luft lagen, und diese für seine Arbeit nutzbar zu machen. Frederick W. Hughes beschrieb in seinem Vorwort, wie Warhol das Haus in der 66. Straße nutzte, nachdem es ihm allein zur Verfügung stand: zwei oder drei der Räume waren sehr sauber und luxuriös möbliert, die anderen dienten zur Ablage und zum Verstauen des Gesammelten. Daß die Sammlung von Warhol als Aufgabe ernstgenommen wurde, wird sowohl seitens Geldzahler als auch Hughes bestätigt. Warhol selbst war beständig darum bemüht, weniger wertvolle Gegenstände abzustoßen und durch gleichzeitiges Einpassen höherwertiger Objekte die Entwicklung der Sammlung zu sichern. Erklärend und bereichernd wirkt diese Sammlung besonders, weil sie ein Spiegelbild jener ambivalenten Haltung zu sein scheint, aus der Personen wie Warhol, Mapplethorpe und in einem weiterem Sinne Howard Hughes ihre Energien gezogen haben.

Zwei Bilder von Francis Bacon in der Hess Collection, Nappa, Kalifornien

In einer alten Weinkellerei im kalifornischen Nappa gibt es Platz,– Platz für moderne Kunst aus Europa und Amerika. Wenn es neben den Museen, die als Sammlungsbehältnisse jährlich aus dem Boden irgendeines Landes gestampft werden, noch Ausnahmen gibt, so fällt der Blick auf Leute wie Donald M. Hess. Leute, denen es eben nicht damit getan scheint, sich nur über die Verteilung ihrer eilig zusammengekauften Kunstgegenstände zu vermitteln, um auf diese Art und Weise der Nachwelt erhalten zu bleiben. Lange Zeit ist im Zuge ernsthafter Auseinandersetzung zusammengewachsen, wofür nun vor einigen Jahren das Gebäude der alten Weinkellerei hergerichtet wurde, eine Sammlung in der jedem Exponat besondere Bedeutung zugemessen wird. Donald M. Hess hat gelernt, sich zu beschränken und gerade dieser fast asketische Zug kommt der Hess Collection zugute. Diese Sammlung kommt nicht laut daher, sondern in gut akzentuierter Weise, und dies findet ihre Basis in den Ansichten des Sammlers selbst. Es ist im daran gelegen, jedem der ausgestellten Bilder oder Objekte einen Bezug zu seiner eigenen Person abzuringen. Donald M. Hess hat Fragen,– und er arbeitet mit diesen Fragen. Idealerweise ist man versucht, seine Art des Sammelns als Zusammenarbeit mit denen in der Sammlung vertretenen Künstlern zu sehen. Die Ausbildung seiner Ansichten über den Aufbau einer Collection sind so einfach wie wirksam: Nur Werke von lebenden Künstlern zu kaufen, zu deren Werken er während längerer Zeit ein Verhältnis hat aufbauen können, die Beschränkung auf eine gewisse Anzahl von Künstlern und schließlich den Aufbau eines privaten Beziehungsgeflechtes zu den einzelnen Künstlern. Zu den Künstlern, mit deren Werk Hess zunächst enorme Schwierigkeiten hatte, gehört in vorderster Linie Per Kirkeby. Hess hat sich dessen Bilder und Skulpturen im ganz ursprünglichen Sinn erarbeiten müssen. Baselitz und Richter, Gilbert & George, Robert Motherwell und Franz Gertsch bilden starke Bezugspunkte im System der Sammlung. Hierzu gehört auch, die theoretisch durchgeformten Bilder Alfred Jensen's in das Sammlungsgefüge einzubinden. Daß sich Kunst als Reflexionsgefüge auf die menschliche Existenz in extremer Form beziehen kann, ist sicherlich eine Erkenntnis, die dazu beigetragen hat, zwei Werke in die Hess Collection zu tragen, deren Wirkung sich unmittelbar auf den Betrachter überträgt. Gemeint sind zwei Formate Francis Bacons. Obwohl in einer zeitlichen Differenz von 23 Jahren gemalt, entwickeln diese beiden bis auf wenige Zentimeter gleichgroßen Formate eine eigentümliche Beziehung zueinander. Das 1953 datierte *Study for a Portrait*, ist ganz dem bildnerischen Ansatz Bacons verpflichtet, die Abbildung des Portraitierten so zu verdichten, daß letztlich nur eine Erscheinung, eine Vision vom Wesen des Abgebildeten, auf der Leinwand zurückbleibt. Die Zentrierung des Dargestellten erfolgt über die von Bacon entwickelte Art einer geometrischen Raumkonstruktion, in deren präziser Ausformung die Figuren präsent wirken, zugleich aber auch als im Verschwinden begriffen. Der englische Kunsthistoriker und Ausstellungsmacher David Sylvester greift die Serie der Bilder um 1953 in seiner Konversation mit Bacon auf und stellt sie als einige der besten Gemälde Bacons überhaupt heraus. 28 Jahre später entsteht *Study of Man Talking*, ein rechteckiges Hochformat, in dessen Zentrum eine fast lebensgroße männliche Figur plaziert wird; gegensätzlich zu den meisten Darstellungen des Bacon'schen Menschenbildes, indem die Figuren auf das Äußerste ihrer Existenz reduziert sind, manchmal bis an die Grenze des Animalischen, – nackt, verlassen und kauernd. *Study of Man Talking* stellt die Figur nun in einer gewissen selbstsicheren Haltung in den Vordergrund. Überhaupt strahlt das Bild eine ungewohnte Frische ab, die der geradezu graphisch angelegte Raum hervorruft, und die durch die partiell unbemalte Leinwand in ihrer Wirkung noch gesteigert wird. An die Einsprengsel des synthetischen Kubismus erinnert ein für Bacon eher ungewöhnliches Element der Komposition, eine flächig angelegte Zeitung, welche die sowohl in der Person als auch im Titel angedeutete Sprachfunktion in typographische Fragmente übersetzt. Wohl selten sind Menschen in ihrer Selbstverfangenheit so eindringlich dargestellt worden. In meinen anfänglichen Ausführungen habe ich bereits darauf hingewiesen, daß es Hess als Sammler darauf ankommt, mit den Bildern zu arbeiten. Daß er als Sammler für sich einen Weg gefunden hat, über die Kunst kommunikativ zu werden und sich so in Gesellschaft begibt, hat seine Basis in einem ursprünglichen Erleben von Kunst. Es sollte sich als schwierig erweisen, bessere Hinweise auf die Defizite menschlicher Existenz in der ästhetischen Erfahrung geltend zu machen, als in diesen großartigen Bildern Francis Bacons.

Monet und Rodin in Tokio. Die Matsukata Collection in Tokio

Augenfällig ist es bereits geraume Zeit. Das Ausstellen großer Sammlungen und damit zugleich die geschichtliche Manifestation der damit verbundenen, im Lichte der Öffentlichkeit stehenden Namen der Sammler ist en Vogue. Unter solchen, an das Thema der großen Sammler gebundenen Ausstellungsthematiken, sind die herausragenden Ereignisse der letzten Zeit sowohl die Präsentationen der Sammlungen von Barnes in Paris als auch Morosow und Schtschukin in Essen. Interessant und aussagefähig in Hinsicht auf das Verhalten der verschiedenen Sammler, die sich in den Jahren um 1915 in Paris aufhielten und dort, mit oder ohne fachkundige Hilfestellung, die Galerien, Ateliers oder Agenten aufsuchten, sind die Lebenserinnerungen von Händlern wie Ambroise Vollard oder D.H. Kahnweiler. Betrachtet man deren Listen, in denen zumeist akribisch die erzielten Preise, die näheren Bezeichnungen der Bilder sowie Namen der Künstler und Sammler festgehalten wurden, ist evident, wie sprunghaft das Geschäft bereits in jenen Jahren war. Kojiri Matsukata bereiste Europa in den Jahren seines Präsidialamtes bei der Kawasaki Shipbuilding Company, das er zwischen 1916 und 1923 ausfüllte. Seine eigentliche Aufgabe bestand in der Repräsentation der Pläne für diverse Tankermodelle, welche die jeweiligen Kunden vom Papier an die in Kobe gelegene Werft in Auftrag geben konnten. Matsukata selbst wird als Mensch beschrieben, der beständig darum bemüht war, die Ausprägungen europäischer Kultur in Japan einer größeren Öffentlichkeit zugänglich zu machen. In Paris beispielsweise schien er sich gut auszukennen, so daß nicht wenige der von ihm erworbenen Bildwerke direkt aus den Ateliers bezogen wurden. Die permanente Erweiterung seiner Collection betrieb er mit einer gewissen Perfektion, so daß die Anzahl in nur wenigen Jahren 190 Bilder und 60 Skulpturen überstieg. Das aufgebrachte Potential an Energien diente zunächst einmal dazu, die längerfristig angelegte Vision eines Museums in Tokio zu ermöglichen, welches der japa-

HANS IRREK

nischen Bevölkerung die Kunst des Westens demonstrieren sollte. Die sich weltweit aus-
wirkende Wirtschaftskrise von 1927 brachte Matsukatas Pläne zunächst einmal zu Fall,
schlimmer noch,– Matsukata war gezwungen, die Sammlung in Europa zwischenzu-
lagern, was unwillkürlich ein Auseinanderreißen des Sammlungsbestandes zur Folge
hatte. Zu Monet und Rodin pflegte Matsukata ausgesprochen gute Kontakte, deren
Resultat eben auch an den Schwerpunkten der Matsukata Collection abzulesen ist. Die
Probleme, eine solche auch für damalige Verhältnisse ungewöhnliche Sammlung, zumal
die Fülle von 36 Rodin Skulpturen, darunter *The Gates of Hell*, nach Japan zu transportieren, sollten nicht das eigentliche Hindernis für Matsukata sein. Als unüberwind-
lich zeigte sich Jahre später, die mittlerweile auf ca. 400 Nummern angewachsene
Sammlung aus Paris herauszubringen, da nun der 2. Weltkrieg einen Transport der
Werke an ihren Bestimmungsort unmöglich machte. Den Kulminationspunkt dieser
schwierigen Situation bildete schließlich die international ausgehandelten Friedens-
statuten von 1951, die Frankreich dazu ermächtigten, die Ausfuhr der zusammenge-
stellten Bildwerke mit dem Hinweis auf nationales Kulturgut zu verhindern. Erst 1959,
also erst 9 Jahre nach Matsukatas Tod, nach langwierigen Verhandlungen auf diplo-
matischer Ebene gelang es Japan, den französischen Staat zur Herausgabe der Sammlung zu bewegen, die schließlich der Grundstock des National Museum of Western Art
wurde. Jenseits aller biographischen Fakten und Umstände wird diese Geschichte der
Matsukata Collection erst im Hinblick darauf bedeutsam, einen solchen Verlust für den
Sammler nachvollziehbar zu machen. Hier sei nur auf die Vorgänge im Paris von 1923
hingewiesen, gemeint sind die Zwangsversteigerungen der Sammlungen Kahnweiler
und Uhde, die vom französischen Staat als Kriegsgut deklariert und in mehreren auf-
einanderfolgenden Auktionen auseinandergerissen und weit unter Wert an die im Saale
bietenden Käufer verteilt werden.

Die Sammlung eines Kunsthändlers. Ernst und Hilde Beyeler, Basel

Für wenige Wochen bildeten sie eine Entsprechung. Beispielhaft in ihrer harmonischen
Gliederung ergänzten sich die Berliner Nationalgalerie und die Baseler Sammlung des
Kunsthändlers Ernst Beyeler.
  Proportionen und Transparenz der, auch für Mies van der Rohes Verhältnisse, aus-
ladenden Deckenkonstruktion war wohl jene Art zurückhaltender Architektur, in der
die Präsentation dieser erzählerisch dichten Sammlung adäquat zur Geltung kam. Die
Collection der über 140 Werke ist zugleich Zeugnis einer ambitionierten Vorgehens-
weise im Erwerb der Stücke wie auch Spiegelbild der oft über Jahrzehnte dauernden
Begleitung einzelner Künstler durch das Ehepaar Beyeler.
  Eine Wanderung durch das Universum der Beyelers, entlang den Wegen der Moderne, läßt nichts missen,– die Zeit vielleicht, die Zeit noch einmal wiederzukommen, weil
all dies nicht in einigen Stunden verdaut sein will. Von den wenigen Caroline-
Bildnissen, die Giacometti anfertigte,– ist hier die kräftigste, elementarste Fassung vor-

handen, entstanden 1960. Jene Werke Picasso's und Braques, deren ursprüngliche, formzertrümmernde Kraft sich heute noch, ohne an Wirkung eingebüßt zu haben, im Betrachter entfalten kann, sind Bestandteil der Sammlung. Als Bruch und sprengende Kraft wird dem Kubismus gebührender Platz eingeräumt, wohlwissend um diesen besonderen Impuls der Moderne.

In besonderer Weise belegt die Auswahl der Bilder und Objekte, daß es sich Ernst Beyeler nicht leicht gemacht hat. Dem Erwerb der Exponate ist zu weiten Teilen eine über Jahrzehnte aufbauende Verbindlichkeit vorausgegangen, die sich über Besuche, ausdauernde Diskussionen und Freundschaften gebildet hat.

Betrachtet man die Anzahl der anläßlich verschiedener Themenstellungen herausgegebenen Kataloge, ist man zunächst überrascht von der sorgfältigen Behandlung. Hervorgehoben, fast opulent ausgebreitet entfalten sich hier die Bilder Fernand Legers oder die Serienbilder Monets und Mondrians. Die Aufarbeitung komplexer und prägnanter Themenstellungen in den Räumen der Bäumleingasse ist Tradition. Dahinter steht der Anspruch, jedes Bild, jede Werkgruppe und jedes Thema mit Enthusiasmus und schöpferischer Kraft anzugehen. In der Erstellung solcher autonomer Gesamtkunstwerke scheinen die Talente und Anlagen zum Tragen zu kommen, die in der Person des Ernst Beyeler zusammenlaufen: Kunsthändler, Ausstellungsmacher, Sammler, Förderer und Publizist.

Die sorgsame Ausstattung der Beyeler Kataloge, die Zusammenstellung und Ausstattung der einzelnen Ausstellungen in der Bäumleingasse beeindruckten die Zeitgenossen. Die Qualität der Ausstellungskataloge und das Programm des Basler Kunsthändlers begeisterten selbst Picasso über alle Maßen. Im Jahre 1966 öffnete er für Ernst Beyeler die Tore seines Lagers mit den Worten: »Wählen Sie selbst aus!« Die Antwort Picassos, der eine solche Offerte selbst dem frühen Händler und theoretischen Verfechter des Kubismus, Kahnweiler, versagte, deutet bereits darauf hin, daß Ernst Beyeler's Position jenseits der gängigen Vorstellungen festzumachen ist; so auch seine Sammlung, deren chronologischer Anfang neben den Serienbildern Claude Monet's zugleich entscheidender Wendepunkt in der Geschichte der Kunst ist: Cezanne, der hier mit exzellent gearbeiteten Aquarellen um 1900 und 1904 in seiner vibrierenden Lichtführung beispielhaft vertreten ist.

Daß sich über die bewußte Auswahl der Exponate noch immer Bildwelten erschließen, ja besonders eindringlich im Sinne einer bewußten Erfahrung auf den Betrachter einwirken, kann man den beiden Bildern des Amerikaners Mark Tobey entnehmen. Beide Werke aus den Jahren 1956 und 1972 arbeiten in ihrer subtilen Kompositionsweise mit der Aufsplitterung der Bildoberfläche, zunächst in akribisch aufgetragenen Graphismen, die sich verdichtend in das Zentrum des Bildes einschreiben. In den späteren Jahren schließlich geht Mark Tobey dazu über, das meditative Weiß seiner Bilder in geometrischen Patterns anzulegen. Tobey's Botschaft, die der Wirksamkeit östlicher Kalligraphie in ihrem Einsatz gleichsteht, ließe sich wohl treffend überführen, erinnerte man daran, die Ruhe im Zentrum des Orkanes zu suchen. Die Bilder Tobey's haben in

HANS IRREK

all den Jahren nicht an ihrer Eigenschaft eingebüßt, den Augen des Betrachters Widerstand entgegenzubringen. Daß im chaotischen Gefüge der kompositorischen Details genau die Art der Ordnung liegt, die dem Betrachter erlaubt kontemplativ zu werden, in der Aussicht auf das Bild Einsicht im Sinne ruhender Selbstreflexion zu entwickeln, ist die große Leistung Mark Tobey's.

Gerade spätere Generationen werden mit Blick auf die Sammlung Beyelers profitieren. Die Konzentration der Sammlung auf ebenso wesentliche wie repräsentative Werke der Kunstgeschichte ist in ganz besonderer Weise dazu geeignet, den Betrachter auf die Brüche, Ansätze und Entwicklungen hinzuweisen, von denen wirkliche Impulse ausgegangen sind. Ein wesentlicher Schritt, solche Impulse über die Ansicht der Bilder und Objekte selbst zu verdeutlichen, ist Ernst Beyeler durch die Eingliederung afrikanischer und ozeanischer Kunst gelungen. Der Gegensatz solcher zweckgebundenen Objekte zu den Bildern und Statuen europäischer und amerikanischer Künstler fordert zu beständigem Überprüfen von Differenzen im gestalterischen Ansatz heraus.

Max Ernst in Texas. Die de Menil Collection, Huston Texas

Unter den wenigen und seltenen Essays und Aufsätzen, die Mies van der Rohe hinterlassen hat, befindet sich eine kurze Instruktion: »Museum for a small city« überschrieben. Es ist zu vermuten, daß Renzo Piano sich mit diesem kurzen Text sehr eingehend beschäftigt hat, als ihn die de Menils in den 80er Jahren damit beauftragten, ein Haus für ihre Sammlung zu entwerfen. Seit 1987 nun steht dieses sich selbst zurücknehmende Gebäude in einem Vorort Hustons, wo es in Verbindung mit einem Landschaftspark und dem Gebäude der *Rothko Chapel* das Areal mehrerer Straßenzüge einnimmt. Als die de Menil Collection sich 1987 anläßlich der Fertigstellung des Piano Entwurfes in der Öffentlichkeit präsentierte, hatte Renzo Piano ein Haus für die Sammlung errichtet, in dem die vier Säulen der de Menil Collection über eine Variation von Haupträumen und Studiengalerien zum Tragen kamen. Gesammelt haben die de Menils in Generationen und großem Stil. Byzantinische Kunst, Antiken aus Europa und Asien, ethnische Kunst aus dem nordwestlichen Pazifik, Afrika und Ozeanien und im größerem Umfang die Kunst des 20. Jahrhunderts. All dies hatte Renzo Piano bei der Konzeption dieses Museums zu bedenken. Dieses Gebäude, das starke Anklänge an die Architektur Louis Kahns vermittelt und in der Tradition der architektonischen Moderne steht, strukturiert die Sammlung in Hallen, Wandelgänge und kleinere Studiengalerien, die von Piano selbst als ›Schatzkammern‹ ausgewiesen wurden.

Grundstein der Sammlung, die mittlerweile auf einige 10.000 Objekte angewachsen ist, ist die europäische Kunst. Den Avantgarde-Strömungen dieses Jahrhunderts wird viel Wert beigemessen, so daß beispielsweise kubistische Ansätze über die Ausprägungen Picassos und Legers verdeutlicht werden. Treffender noch ist der Surrealismus vertreten, zu dem Domenique und John de Menil ein ganz besonderes Verhältnis aufgebaut haben. Exemplarisch stehen hier die Bilder des Belgiers Magritte zur Diskussion, der mit ausgesuchten Hauptwerken vertreten ist, unzweifelhaft wohl eine der schönsten An-sammlung Magritte'scher Werke. Eindringlicher wird das Interesse der de Menils noch, betrachtet man ihr Verhältnis zur Person und zum Werk Max Ernst's. Der Kölner fertigte 1934 für Dominique de Menil das *Bild im Bild im Bild*, ein Auftragsportrait, an, das den Grundstein für die wohl reichhaltigste Sammlung der Werke Max Ernst's überhaupt bildete. Der Kontakt zum Künstler intensivierte sich, als Ernst in die Vereinigten Staaten emigrierte und sich in Arizona niederließ. Die de Menils bemühten sich um das Werk Ernst's in jeder Beziehung, auch weit über dessen Tod hinaus. Sie organisierten die erste Schau dieses wichtigen Künstlers in Amerika, und erst mit der großen Max Ernst Retrospektive des Jahres 1993 setzten sie erneut Zeichen, die verdeutlichen, welche Bedeutung dem Werk Max Ernst's innerhalb der großen europäischen Bewegungen zukommt. Daß mit solchem Engagement auch eine Vision verbunden ist, zeigt die konzentrierte Ausstellung der Bilder Mark Rothko's, in der von Johnson geplanten Rothko Chapel. Der oktagonale Bau demonstriert die Konzentration des Gebäudes auf seinen Zweck, nämlich Ort der Stille, Ort der Meditation zu sein.

Angesichts der von Rothko geschaffenen Bilder, darunter noch kurz vor seinem Selbsttod fertiggestellte Tryptichen, fällt es nicht schwer, jene Ebene der Stimmung zu erreichen, in der sich die Bilder zur Projektionsfläche eigener Befindlichkeit wandeln. Die Kapelle, deren Existenz weit über Amerika hinaus bekannt ist, weist auf das zurückhaltende Wesen der de Menils als Sammler hin. Mäzenatentum in sehr ursprünglicher Bedeutung soll eben heißen, sich zurückzunehmen und dem Werk und den Visionen anderer zur Realisation zu verhelfen.

Die Parallele zwischen der Tätigkeit als Sammler und dem Engagement als Mäzen zeigt sich vor allem für den an Kunst interessierten Teil der Gesellschaft: in der bewußten Anlage von Räumen, in denen die Kunst im Sinne ihrer Kreateure wirksam werden kann.

Ich möchte meine Sammlung so ausgestellt haben, daß sie neue Sehweisen eröffnet und man terra incognita betritt – unbekanntes Land.

Domenique de Menil

Für mich ist ein außergewöhnliches Bild ein Bild, in dem man die Spannung des Lebens selbst spürt.

René de Montaigue

HANS IRREK

So gut die Elternschaft auch geplant sein mag, Kinder sind
was sie sind und nicht was Eltern aus ihnen machen
wollen. Wie Kinder sind auch die Kunstschätze einer
Sammlung das was sie sind. Die Umstände, unter denen
diese Kunstschätze in die Familie eingingen, waren sehr
komplex: eine zufällige Begegnung, ein Besuch bei einem
Künstler oder einem Kunsthändler, ein Blick in einen
Auktionskatalog, eine erfolgreiche Ersteigerung, und
natürlich ein günstiger Augenblick für den Kauf. Dieser
etwas unsystematische Ansatz war unsere Art des
Sammelns.

Domenique de Menil

Das Talent eines Künstlers ist ein Geschenk für die Welt.
Als ich mit dem Sammeln begann, waren meine Augen
mein wichtigstes Kapital. Meine Augen waren ein
Geschenk Gottes. Ein Maler malt kein Bild, das nur für
die Augen eines Menschen bestimmt ist. Ich muß mein
Erbe als Sammler zugänglich machen, und ich kann Gottes
Geschenk nur weitergeben, indem ich es mehr als einem
Menschen ermögliche, das Talent des Künstlers zu sehen
und zu erkennen.

Baron Hans Heinrich Thyssen-Bornemisza

Die größte Befriedigung für uns, meine Frau und die
Mitarbeiter, besteht darin, Ausstellungen zu arrangieren
mit einer Werkgruppe eines Künstlers oder mit ausge-
wählten Werken ein Thema zu einem autonomen Gesamt-
kunstwerk zu formen und jeweils mit entsprechenden
Katalogen zu dokumentieren – kurz gesagt: kreativ tätig zu
sein. Denn nicht wahr, das haben Sie ja auch schon erlebt:
Immer wenn Sie kreativ tätig sein konnten, haben Sie
Glücksgefühle erlebt und den Alltag überwunden.
Kreativität kann in eigener Aktivität geschehen, aber auch
im Erleben und Verarbeiten von künstlerischen Werken
oder Ereignissen. Man braucht also Kunstwerke nicht
unbedingt zu erwerben, man kann sie sich auf der ganzen
Welt geistig aneignen.

Ernst Beyeler

*Seit meine Sammlung dem Publikum offensteht, kommen
Leute aus der ganzen Welt, um sie zu sehen, und da es bei
mir auch einen Salon für Intellektuelle gibt, entsteht die
größte Verwirrung. Jedermann kann an öffentlichen
Besuchstagen gern die Galerie besichtigen, aber manche
Leute, die damit nicht zufrieden sind, meinen, daß ich als
Sehenswürdigkeit mit inbegriffen sein sollte.*

Peggy Guggenheim

*Das Wesentliche ist, daß ein Bild Sie ansieht. Und nicht
umgekehrt. Der Betrachter darf ihm vor allem nicht mit
einer vorgefaßten Meinung begegnen. Er muß sich damit
begnügen, es zu sehen, das heißt, den Blick des Bildes mit
dem eigenen zu kreuzen, um den Gedanken oder besser
noch, die innerste und tiefste Empfindung des Künstlers
erahnen zu können. Zwei lebendige Wesen, die, so gut es
eben geht, miteinander kommunizieren.*

Roger Dutilleul

*Sammler haben nach dem Kauf eines Werkes dem Künstler
gegenüber auch Verpflichtungen. Es geht darum, das Werk
anstelle des Künstlers gegen eine oft unverständige Außenwelt zu verteidigen und das Kunstwerk fachmännisch zu
pflegen, damit es weiteren Generationen erhalten bleibt.*

Donald M. Hess

*Es steht fest, daß ich kein Künstler bin. Aber ich glaube,
mir genügend Unterscheidungsvermögen und Geschmack
aneignen zu können, um das Talent anderer aufzuspüren.
Wenn das Sammeln richtig betrieben wird, kann es zu
einer fast schöpferischen Tätigkeit werden.*

Alfred C. Barnes

*Der Schöpfungsakt selbst transzendiert den Einzelnen und
macht ihn zu einem Medium universaler Kommunikation,
und deshalb glaube ich, daß Kunstwerke so weit wie möglich für alle zugänglich sein sollten.*

Baron Hans Heinrich Thyssen-Bornemisza

HANS IRREK

Ein gutes Auge ist eine sehr mysteriöse Sache, niemand kann sie einem beibringen. Es ist ein Talent, mit dem man geboren wird. Wenn man sich mit der Geschichte der Auswahl von Talenten befaßt, findet man nicht viele Namen. Da gab es diesen unglaublichen Mann in Paris, Vollard, zwei oder drei andere in Paris, und es gibt heute in der ganzen Welt zwei oder drei. Aber der Künstler wäre verloren, gäbe es dieses Auge, gäbe es diese Menschen nicht.

Betty Parsons

Wir machen auch Geschäfte, wir verkaufen japanische Stiche, um einen Cezanne zu kaufen, wenigsten versuchen wir es, das heißt Leo versucht es. Er mag das überhaupt nicht und macht ein fürchterliches Getue, um genügend Geld zu verlangen, aber ich glaube wir werden den Cezanne bekommen.

Getrude Stein

Die erste Ausstellung mit ausgewählten Werken im neuen Frank Lloyd Wright Gebäude folgt der Tradition früherer limitierter Selections. Ziel ist es nun, die Sammlung als Ganzes darbieten zu können. Und indem diese Sammlung jetzt ausgestellt wird, kann das Museum all den Freunden herzlich danken, die in den letzten Jahren durch ihre Schenkungen zu Umfang, Geschlossenheit und Qualität der Sammlung beigetragen haben.

James Johnson Sweeney

The Art of Collecting Modern Art. Der Titel dieser Ausstellung suggeriert, daß das Sammeln von Kunst selbst eine kreative Beschäftigung darstellen kann. Die Chinesen erkannten dies bereits vor Jahrhunderten, als Kunstkenner damit begannen, die Werke früher chinesischer Meister zu sammeln. Folglich nahm durch dieses Prädikat, das die großen Kunstkenner den Werken verliehen, der Wert der Werke selbst fast in gleichem Maße zu wie die Bedeutung der großen Künstler.

Edward B. Henning

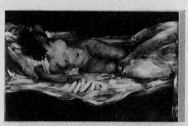
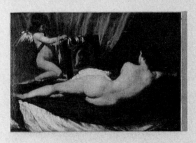

Gerhard Theewen

—

Gespräche mit:

Dieter Koepplin

—

Reiner Speck

—

Paul Maenz

—

Walther König

—

Harald Szeemann

—

Daniel Buchholz

—

Jean-Christoph Ammann

—

Hartmut Kraft

—

Eric Otto Frihd

Dieter Koepplin

—

Sammeln ex officio

Als Vorsteher des Kupferstichkabinetts sammeln Sie ex officio Zeichnungen und druckgraphische Werke für die Öffentliche Kunstsammlung Basel. Sie sammeln unter anderen, strengeren Gesichtspunkten als ein Privatsammler. Hat das mit dem Erreichen von wissenschaftlich ergiebigen Konstellationen, Komplettierung von Schulen und Richtungen zu tun, und wie könnte man diesen Unterschied eines öffentlichen Sammlers zum privaten Sammler beschreiben?

Den Unterschied zum privaten Sammeln sehe ich in erster Linie darin, daß die Sammlung öffentlich war, ist und bleiben wird, das heißt erstens, daß die Ankaufsentscheidungen endgültig sein sollen – Wiederverkauf ist ausgeschlossen – und daß man zweitens Vorgänger und Nachfolger in den Sammelbemühungen hat. Dennoch meine ich, daß ich für die Öffentlichkeit und mit dem Geld der Steuerzahler, überspitzt gesagt, desto besser sammle, je persönlicher ich ans Werk gehe. Persönlich heißt nicht privat, aber es geht in diese Richtung. In der Öffentlichen Kunstsammlung Basel, die seit dem 17. Jahrhundert als öffentliches Institut existiert (es ist die älteste publike Sammlung einer Bürgerschaft auf der Welt), steht das Vorbild am Anfang der Sammlungsgeschichte: Der private Sammler Basilius Amerbach hat in bestimmten Gebieten ganz maßlos, ohne Angst vor wissenschaftlich falschen Proportionen, gesammelt: 150 Zeichnungen von Hans Holbein d.J. (neben den Gemälden dieses Meisters), dafür etwa von Dürer oder von den Italienern sozusagen nichts. Und diese Amerbach-Sammlung, die 1662 von der Stadt Basel erworben wurde, ist nun der vielbewunderte Kern des Basler Museums und seines Kupferstichkabinetts (der traditionelle Name bezeichnet eine Sammlung von Zeichnungen und druckgraphischen Werken). Amerbach hat einfach dort primär gesammelt, wo er nicht nur die stärkste persönliche Motivation, sondern auch die größten Chancen hatte. Ich finde, schon dies ist ein gutes Prinzip: Man sollte sich nicht an die fast unmöglichen Dinge verlieren und ihnen dann vielleicht nachtrauern oder gar zuviel Geld für das schließlich – zu spät – Erjagte ausgeben, während in der näheren Umgebung die Möglichkeit besteht, mit der besten Auswahlmöglichkeit eine gute Sammlung zusammenzubringen. Gut heißt nicht nur qualitätsvoll, sondern auch informativ im Nebeneinander der Zeichnungen und druckgraphischen Werke, die sich gegenseitig bereichern und interpretieren. Zeichnungen sind ja fast nie als Einzelwerke entstanden. Wenn man sie also sachgemäß sammeln will, sollte man von vornherein Gruppen ins Auge fassen. Und da scheue ich die große Zahl und allenfalls die Mißproportion keineswegs. Ich bedaure auch nicht, andere Dinge überhaupt nicht verfolgen zu können. Eine Sammelpolitik fängt überhaupt erst da an, wo man gewisse Dinge bleiben läßt, um andere gründlicher durchführen zu können. Ob dies am Ende mit einem ›wissenschaftlichen‹ Gesichtspunkt etwas zu tun hat (oder mehr mit einer gewissen Verrücktheit), mögen andere beurteilen. Einen Horror habe ich jedenfalls vor dem Begriff der angeblich objektiven Ausgeglichenheit. Bekanntlich führt dies dazu, daß alle öffentlichen Sammlungen sich ähneln. Das finden zwar alle schlecht, nur werden die Konsequenzen selten mit genügender Strenge gezogen. Das heißt, man sammelt an öffentlicher Stelle vielleicht oft zu wenig privatsammlerisch. Natürlich darf die Sache nicht launisch werden. Es muß alles verantwortet werden aus bester Informiertheit, die aus stärkstem Interesse hervorgewachsen ist. Jedenfalls, mein Motto heißt: Von relativ wenigen Künstlern relativ viele Zeichnungen. Und diese werden meistens im Zusammenhang mit einem Ausstellungsprojekt und im Kontakt mit dem Künstler ausgewählt. Insofern greifen das Sammeln und Ausstellen im Museum ineinander, und zwar in einer Weise, die im guten Fall auch für den Künstler und die Künstlerin interessant sind. Sie sehen, ich sammle hauptsächlich in der Gegenwart, weil ich finde, nicht alles, was früher versäumt wurde, muß nun nachgeholt werden. Es gab ja Gründe. Das Feld ›nach 1945‹ war wenig bearbeitet, als ich in den späten sechziger Jahren die Chance zum öffentlichen Sammeln erhielt, anderes war da, wieder anderes ›fehlte‹. Aber die Lücken und Löcher empfinde ich selten als zu stopfende.

Als Leiter des Kupferstichkabinetts stehen Sie einer Sammlung vor, die die größte Zeit unter Verschluß ist, verborgen vor Licht und Staub und die längste Zeit auch vor dem Betrachter. Der Umgang mit dieser Sammlung muß ein ganz anderer, viel intimerer sein, als der mit Skulpturen oder Bildern.

Gewiß ist die ideale Form, wie man Zeichnungen und druckgraphische Werke betrachtet, die, daß man sich im Studiensaal die Blätter vorlegen läßt. Dies ist in Basel wie an den anderen vergleichbaren Orten gut möglich. Daneben gibt es die Ausstellungen der Sammlung in wechselnden Ausschnitten. Besonders wichtig finde ich außerdem, daß der Besucher der Gemäldegalerie ab und zu, wenn er die Säle durchstreift, auf einen kleinen Raum mit solchen Zeichnungen automatisch stößt, die mit den Gemälden und Plastiken einen engen Zusammenhang haben. Daß man also neben den Bildern von Holbein in direkter Nachbarschaft auch einige Zeichnungen dieses Künstlers antrifft – mitten in der Galerie, nicht nur im Abseits von speziellen Graphikräumen. In dieser Hinsicht liegt die letzte Entscheidung natürlich bei der Direktion des ganzen Hauses.

Kommt es vor, daß Sie bei Fragen des Ankaufs und hier besonders für das Museum für Gegenwartskunst eine eigene Aufregung verspüren?

Bei Ankaufsfragen bin ich immer aufgeregt. Wie vorher gesagt: Wenn es gilt, die für die Sammlung entscheidenden Akzente zu setzen, die letztlich fast allein zählen, das Gesicht der Sammlung ausmachen, dann muß man auch im Museum sozusagen privatsammlerisch agieren – mit dem verschärfenden Unterschied, daß die Entscheidung später nicht mehr korrigiert werden kann. In Basel ist es so, daß ich bei wichtigeren Erwerbungen vor einer Kommission von neun Personen den Antrag stelle, und die Kommission übernimmt oder kritisiert den Antrag. Ich habe das Antragsrecht, die Kommission entscheidet mit Ja oder Nein – meistens mit Ja. Aber vielleicht können Sie sich die Situation lebhaft vorstellen, als ich beispielsweise in den Jahren 1969 und 1970 mit immer neuen Beuys-Zeichnungen aufmarschiert bin, etwa 50 insgesamt in zwei Jahren. Da wurde bald gefragt oder gesagt: Wenn ein Künstler wirklich gut ist, hat man ihn denn nicht mit fünf präzise ausgewählten Zeichnungen voll präsent in der Sammlung? Braucht es diese Menge, hat er sie nötig? Dasselbe bei anderen Künstlern, z.B. bei Francesco Clemente, wo jetzt etwa 200 Zeichnungen im Basler Kupferstichkabinett vorhanden sind. Und es gibt einige weitere Künstler, wo die Zahl von 100 Blättern nahezu erreicht oder überschritten wurde – mit Aufregungen, das ist klar.

Ist es Ihnen schon passiert, daß Sie als Käufer für die Museumssammlung durch Privatsammler überboten wurden?

Wenn Sie bei Ihrer Frage an Auktionen erinnern wollen, so muß ich sagen, daß ich dort ein seltener Kunde bin. Doch fühle ich mich bei manchen möglichen Ankäufen gezwungen zu sagen: Nur soviel Geld ist dieses Jahr in der Kasse, geht es damit? Ab und zu stecke ich einen ganzen Jahresetat, zuweilen auch zwei, in ein einziges Projekt, biete es also beispielsweise einem einzigen Künstler oder seinem Galeristen an. Der dabei entstandene Schock wirkte meistens positiv. Aber ich erhielt selbstverständlich auch Absagen, so daß uns wichtige Dinge entgingen. Ich erinnere mich dabei besonders an ein Konvolut von 44 Zeichnungen von Walter De Maria. Da wurde meine notwendigerweise niedrigere Gegenofferte nicht akzeptiert. Was mit den Zeichnungen dann geschehen ist, weiß ich nicht.

Von Beuys wird erzählt, daß er seine Sammler auf Materialsuche ausschickte, aber unverlangt angeschlepptes Material nur widerwillig annahm und oft erst nach jahrelangem Lagern entweder in ein Werk einfügte oder endgültig verwarf. Scene aus der Hirschjagd und Barraque D'Dull Odde sind ebenso Beispiele für das Sammeln und Arrangieren wie einige seiner Vitrinen.

Bei Beuys trifft man ja immer wieder auf die scheinbare Widersprüchlichkeit, daß er einerseits sagte, all diese Dinge, die sich ›angesammelt‹ haben, seien ja nur Werkzeuge gewesen für eine anderswohin tendierende Tätigkeit, Hinweise auf Kräfte und Ideen, und man könne diese Gegenstände in Vitrinen legen, so oder anders, gekoppelt oder halbiert usw. Und auf der anderen Seite legte er großen Wert auf sorgfältige Behandlung und Beachtung der einmal gefundenen Zusammenhänge. Verfälschung mochte er nicht leiden. Aber jeder Sachfetischismus lag ihm fern. Darum verstehe ich auch gut, daß er beim Begriff ›Sammler‹ in Gelächter ausbrechen konnte – ich habe dieses Gelächter noch gut im Ohr –: »Sammler, was ist das? Ein Beruf, was macht der?« Kommt hinzu die häufige Verwechslung von Sammler und Mäzen – sehr, sehr selten ist das – fast – dasselbe. Geschenke und Leihgaben sind zweierlei. Entscheidend für Beuys war selbstverständlich, was schließlich der Sammler tut mit der Sammlung gegenüber der Öffentlichkeit und in anderer, paralleler Tätigkeit.

Von manchen Sammlern ist bekannt, daß sie eine künstlerische Ausbildung genossen haben, teilweise sogar noch selbst künstlerisch tätig sind, z.B. die Gebrüder van der Grinten. Tritt der Sammler in Konkurrenz zum Künstler, oder ist ihm die Kreativität des Sammelns, von der Duchamp überzeugt war, nicht genug?

Karl Ströher hat sich bei Baumeister malerisch ausbilden oder üben lassen. Das war schon ein offener Mensch mit Ideen und sehr mutigen Entscheidungen, was Beuys gefiel und was er brauchen konnte, wobei er selber sehr viel zum schließlichen Resultat beitrug. Denn er wußte, daß dieser *Block Beuys* nur dann richtig funktioniert, wenn die ganz unscheinbaren Dinge mit den großen Werken gleichrangig in Erscheinung treten konnten – und wenn Beuys selber das Ganze einrichten konnte. Deswegen ist es ja so wichtig, daß der *Block Beuys* im Hessischen Landesmuseum Darmstadt genauso bleiben konnte, wie von Beuys eingerichtet. Die Einrichtung als solche ist Teil des Werkes.

34   DIETER KOEPPLIN

Hier wüßte ich gerne etwas über Ihre Einschätzung dieser Haltung als Verlängerung der Entwicklung von der Kunst- und Wunderkammer bis zum Museum.

Da sehe ich eigentlich wenig Zusammenhänge mit den alten Wunderkammern, außer, daß eine ganzheitliche Sicht besteht, die bei Beuys selbstverständlich eine andere war als früher: Keine enzyklopädisch abgesicherte, gegenständlich objektivierte Sache, sondern eben immer ›anderswohin‹, auf zukünftige Entwicklungsmöglichkeiten hinweisend. Und dies mit dem bewußten Einsatz von bildhafter Rätselhaftigkeit, was die Sinne und das Denken in Bewegung versetzen soll – unter Umständen vom einzelnen Objekt weg, aber davon ausgehend, vom Bildhaften angestoßen. Und all dies ist extrem persönlich, nicht enzyklopädisch ›objektiv‹. Auch nicht im Sinne einer Versicherung, wie das schon bei Grabbeigaben anfangen mochte und sich fortsetzte in Reliquiensammlungen. Bei Beuys ist alles offen, zugleich in der Richtung sehr bestimmt: In Richtung auf die geistig-seelischen Kräfte, die scheinbar jenseits der Objekte liegen, mit ihnen aber erfaßt werden können, wenn wir – gemäß einem Multiple von Beuys – Intuition zu entwickeln vermögen. Also ein Denken, das das Materielle, das ja nicht ungeistig ist, zwar mit allen Sinnen wahrnimmt, in ihm aber die Gestaltungskräfte sieht oder ahnt. Das Vielerlei, das wie eine Sammlung aussehen mag, tendiert also einheitlich in eine bestimmte Richtung. Darum ist es gut, wenn die äußerlich in Material, Form, Farbe und Format so verschiedenen Dinge von Beuys ›versammelt‹ erscheinen. Vielleicht kann man übrigens allgemein sagen, daß eine Sammlung nur dann eine lebendige Kraft besitzt, wenn irgendein – möglichst erhebliches – Prinzip der Einheit am Werke war und spürbar wird. Bei einer öffentlichen Sammlung mag das weniger oder nur gruppenweise vorhanden sein, das

Enzyklopädische drängt sich vor. Dennoch glaube ich an den Wert des Persönlichen auch in einem öffentlichen Museum, und diese Qualität ist in einem guten Museum auch wirklich vorhanden, geschichtlich gewachsen.

Kurz vor Ende unseres Gesprächs möchte ich noch auf ein einzigartiges Beispiel einer Sammlung zu sprechen kommen, für die das eben von Ihnen Gesagte meines Erachtens voll zutrifft, nämlich das Persönliche des Sammlers, in diesem Falle des Künstlers Martin Distler, der eine Sammlung besonderer Art öffentlich gemacht hat...

Schön, daß Sie das noch ansprechen. Ja, es ist schon ein außergewöhnlicher Fall: 1992 hat der Künstler Martin Distler den an ihn gerichteten Auftrag einer Arbeit für den öffentlichen Raum, hier für das Centre Scolaire et Sportif des Deux Thielles in Laderon, umgedeutet. Es war die Idee Distlers, statt wie sonst üblich eine Skulptur für den Schulhof zu realisieren und nur Selbstdarstellung zu betreiben, den Schülern dieser Schule vielfältige Beispiele zeitgenössischer Kunst zugänglich zu machen, statt nur sein eigenes Beispiel. Wichtig dabei ist, daß dieses Schulzentrum in einer ländlichen Gegend liegt, wo die Möglichkeiten zeitgenössischer Kunst kennenzulernen denkbar gering sind. Martin Disler hat das für ihn bestimmte Honorar dazu benutzt, bei internationalen Künstlern wie Christian Boltanski, Klaudia Schifferle, Johannes Stüttgen, Rosemarie Trockel, Ingeborg Lüscher, Walter Dahn, Marlene Dumas und vielen anderen, Zeichnungen einzukaufen – zahlreiche Zeichnungen wurden ihm für diesen Zweck dazugeschenkt, zum Schluß waren es 134 Blätter von insgesamt 23 Künstlern. Am besten gibt man Distlers Intention wieder, wenn man den letzten Satz aus seiner Ansprache an die Schüler, gehalten anläßlich der Übergabe der Zeichnungen, zitiert: »Früher hatten nur Fürsten solche Sammlungen, die erst viel später in Museen der Öffentlichkeit zugänglich gemacht wurden. Jetzt habt auch Ihr eine. Ich wünsche, daß Ihr Euch auf eine lange Entdeckungsreise in diese so verschiedenen Zeichnungen aufmacht. Nach Euch kommen wieder andere Schüler und Schülerinnen in dieses Schulhaus, vergeßt das nicht, auch für sie sind diese Zeichnungen da. Ihr müßt sie für sie bewahren!«

In diesem Satz sind ja noch einmal einige Kernpunkte dieses Buches und unseres Gesprächs angesprochen: die Fürstensammlung, der sammelnde Künstler und die Aufgabe, die Sammlung für spätere Generationen zu bewahren, also Verantwortlichkeit nicht nur beim Sammeln selbst, sondern auch im Umgang mit der Sammlung. Eine allerletzte Frage: Was würden Sie auf die ›Insel‹ mitnehmen wollen? Unabhängig, ob aus Ihrer Sammlung oder dem Kupferstichkabinett?

Papier und Bleistift – zum Schreiben, vielleicht zum Zeichnenlernen.

Ich bedanke mich für das Gespräch und Ihre freundliche Unterstützung.

DIETER KOEPPLIN

Reiner Speck

—

Vielfalt der Leidenschaft

*Die ursprüngliche, im Französischen noch erhaltene
Identität von Connaisseur – im Sinne von Kenner –
und Sammler, ist heute nicht mehr selbstverständlich,
weil sich viele Sammler jetzt einen Connaisseur als
Berater halten.*

Reiner Speck

Der Urologe Reiner Speck sammelt zeitgenössische Kunst und publiziert über die
in seiner Sammlung vertretenen Künstler. Darüber hinaus ist er sowohl Proust-
und Petrarca-Spezialist als auch Sammler. Es scheint so, als sei er mit einem nicht
zufrieden, obwohl er sich nicht vorwerfen lassen muß, er betreibe das eine auf
Kosten des anderen. Sein Sammeln wird durch eigene Texte und Vorträge genauso wie durch Berichte über ihn publiziert, wodurch die Leidenschaft von
Reiner Speck und die Beweggründe dafür öffentlich werden. Zusätzlich zu unserem Gespräch habe ich eine Textcollage zusammengestellt, die Aufschluß geben
soll über die Ziele dieser Sammlerpersönlichkeit und die Inhalte seines Sammelns.
Es ist eine Sammlung von Fragen zum Thema Sammeln, die beantwortet wird
durch eine Sammlung von Statements, Antworten, Zitaten aus früher veröffent-
lichten Äußerungen. So ergibt sich eine komprimierte Aussage, da es sich um
Äußerungen des Sammlers selbst handelt, die dieser fast wie sein Credo während
der langen Zeit seiner Sammeltätigkeit zwar variiert, aber nie umgestoßen hat.
Insofern ist dieses Frage- und Antwortspiel durchaus geeignet, Aussagen über
diesen Sammler und über sein Sammeln zu vermitteln.

—

*Es ist von einigem Reiz, in meiner ›Recherche als Versuch eines Portraits‹ ausge-
feilte präzise Antworten von Ihnen zu haben und hier ein reales Gespräch. So
ergeben sich zwei Arten von Dialog: Einmal ein fiktives Gespräch mit fiktiven
Fragen und realen, wenn auch in anderem Kontext gegebenen Antworten und
ein gemeinsames Gespräch, aus dem ich versuche, das zu nehmen, was noch fehlt.
Gab es etwas, was Sie in Ihrem Sammlerleben als Einfluß bezeichnen würden?*

Meine Sammlung hat ganz konkret mit den Aktivitäten und Angeboten des Buchhändlers und Verlegers Walther König zu tun. Das war wie ein Ferment, das war das Quellenverzeichnis. Meine Sammlung ist eng mit dieser Situation verbunden.

Die Präsentation in Krefeld wurde ja nicht nur von Wohlwollen begleitet...

Als Untertitel zur Ausstellung im Museum Haus Esters / Haus Lange hatte ich den Titel der Arbeit von Lawrence Weiner *Das was durch Darstellung einen Stillstand andeutet.* Das war übrigens die einzige Arbeit, die ich ausgeliehen hatte.

Danach kam es mit Weiner zu Mißverständnissen, weil Sie sich für den Katalog schreibend diese Arbeit sozusagen angeeignet hatt,en ohne sie erworben zu haben. Die Umgebung des Künstlers war verstört, daß man sein Konzept auf diese Art unterlaufen hatte.

Ja, aber der eigentliche Titel der Ausstellung und des Katalogs war das von Twombly von Hand geschriebene Cover *To the Happy Few*, und damit wurde ein bewußt apokrypher Bezug zu meiner Bibliothek hergestellt, nämlich zu Stendhals *Die Kartause von Parma*, die dieser mit der englisch gedruckten Widmung »To the Happy Few« versehen hatte, um die nach Paris zurückgekehrten Überlebenden des napoleonischen Moskau-Feldzuges zu ehren. Ich wollte mit meinem Motto natürlich die Sammler der ersten Stunde ehren und die Künstler, die jetzt im Museum dabei waren. Das scheinbar Elitäre hat damals viele verunsichert.

Die Beschränkung auf einiges wenige und Ausgewähltes ist doch legitim, gerade wenn es um Sammeln geht.

Natürlich fehlen in meiner Sammlung einige sehr wichtige Künstler, auch der zeitgenössischen Epoche, aber daß die fehlen, hat ganz bestimmte Hintergründe. Es fehlt z.B. fast gänzlich rein malerische Malerei. Ich habe wenig Malerei gesammelt. Im Scherz habe ich gesagt, daß ich farbenblind bin. Rein visuell habe ich mich mit Dingen befaßt, die lettristische Momente haben, eine Zeitlang konnte man in fast jedem Stück meiner Sammlung etwas Geschriebenes sehen oder etwas, was Geschriebenes assoziierte oder Bezug nimmt zu irgendetwas Konzeptuellem, was auch wieder mit Schreiberei zu tun hat. Das hat sich verselbständigt. Reine Malerei habe ich wenig. Das habe ich aber weder forciert noch reflektiv betrieben, das ergab sich so. Am liebsten hätte ich auch noch von Polke ein Bild, in dem etwas drinsteht. Ich hatte zwar das *Schimpftuch* und die *Zahlenbilder*, selbst im *Tischerücken* ist eine graphische Darstellung aus einem Lehrbuch, nur in dem zuletzt erstandenen Bild von ihm steht nichts geschrieben. Vieles fand nicht in die Sammlung, weil es entweder mit mir oder mit den anderen Künstlern der Sammlung nicht auf der gleichen Wellenlänge war, oder weil ich es dubios einschätzte.

Sie haben mit der Schrift und der Bibliothek in Ihrer Sammlung bestimmte Schwerpunkte gesetzt.

Wohl deshalb habe ich immer Wert auf Papierarbeiten und Zeichnungen gelegt. Es besteht ein ständiger Dialog zwischen Sammlung und Bibliothek.

Daraus ergab sich mit Sicherheit auch Ihr Schreiben über Kunst und die jeweiligen Künstler…

…wenn man einen Text über *The Perfect Book* von Byars schreibt, muß man auch Mallarmé und seine Ideen vom idealen Buch kennen.

Bestimmte Stücke Ihrer Sammlung können Sie nur noch sehr selten um sich haben, weil Sie ständig um Leihgaben gebeten werden.

Viele Kuratoren, die mit der Bitte um eine Leihgabe zu mir kamen, gingen mit dem Vielfachen an Leihgaben wieder weg, aber auch mit dem Vielfachen an Information über die Bezüge und Zusammenhänge ihrer geplanten Ausstellung. Es macht mir Spaß, Hinweise geben zu können, deren Quelle die private Sammlung ist.

Ich denke auch, daß das aus Ihrem Interesse hervorgeht, weil Ihnen die Beschäftigung alleine nicht genügt. Eine Stagnation gibt es bei Ihnen ja wohl nicht?! Ist Sammeln für Sie eine Möglichkeit, Zeit sichtbar zu machen?

Man könnte jetzt über den Zeitbegriff philosophieren. Ich selbst beschäftige mich überhaupt nicht mit der Zeit, weil das einem Aufsetzen von Meilensteinen auf dem Weg zum Tod gleichkäme und später etwas von posthumer Denkmalserrichtung hätte. Im Prinzip habe ich mich zeitlos, aber doch zeitgemäß treiben lassen. Zeitlos nicht im Sinn von epochal, weil mir immer andere sagen mußten, daß jetzt wieder eine Epoche zu Ende gegangen sei. Ab einem gewissen Zeitpunkt mußte jede künstlerische Äußerung Epochencharakter in der Kunstgeschichte haben. Als es aber immer weiterging, wurden selbst die beobachtenden Kritiker der zeitgenössischen Kunst unsicher, und daraus resultiert auch der Aufsatz von Beaucamp in der Frankfurter Allgemeinen Zeitung. Plötzlich hieß es »Orientierungslosigkeit«. Man kann nicht jede künstlerische Neuordnung als Richtung definieren, die der Künstler mit zwei, drei neuen Werken inauguriert.

Sehen Sie sich also nicht als zeitgenössischen Sammler?

Nur bedingt, da skeptisches Beobachten, schon berufsbedingt, mir mehr liegt als spektakuläre Spontaneität. Ein schnelles permanentes Revolvieren der Sammlung macht mir das sogenannte avantgardistische Sammeln etwas suspekt. Bei mir hat es hin und wieder etwas länger gedauert. Trotzdem habe ich häufig provokativ anmutende Dinge, die bei den entsprechenden Galeristen Ladenhüter zu sein schienen, gekauft. Umgekehrt habe ich z.B. bei Polkes *Tischerücken* innerhalb der ersten Minuten zugegriffen trotz eines horrenden Kaufpreises, der nur durch generösen Rabatt für mich tragbar wurde. Der Begriff der ersten Stunde konnte bei mir verzögert, aber auch überschnell eintreten, aber ein Vertun ist extrem selten geblieben.

Sie haben oft schon sehr früh zugegriffen.

Bei einigen Leuten bilde ich mir ein, in der ersten Stunde, sprich ersten Ausstellung, schon zu ahnen, daß daraus etwas werden könnte. Dann bleibt es aber nie bei einem Stück, denn wenn man etwas erfassen will, kann ich das am besten durch den Besitz, und wenn man nur ein Stück besitzt, hat man nichts. Also will ich mir Kontexte zusammenstellen und erarbeiten.

Das erklärt die Vielzahl von Serien und Folgen in Ihrer Sammlung. Macht das frühe Kaufen in diesem Umfang es nicht immer schwerer weiterzusammeln?

Zuerst habe ich das auch so gesehen, weil nicht zuletzt durch mein Sammeln und Schreiben die Preise bestimmter Künstler für mich selbst plötzlich unbezahlbar geworden sind. Das hat sich in den Zeiten der Marktkrise aber auch als positiv herausgestellt. Jetzt kann ich bei bestimmten Künstlern wieder zu moderaten Preisen im Atelier kaufen, weil eben nicht vergessen worden ist, daß ich früher Dinge spontan gekauft und über Jahre abbezahlt habe, während andere damals nur den Kopf geschüttelt haben.

Das Sammeln wird also langsam doch wieder zu einem Vergnügen?

Schon, aber man darf nicht vergessen, daß Sammler immer auf einem enormen Schuldenberg sitzen, den sie abtragen müssen. Früher gab es noch die Möglichkeit, Arbeiten in den Galerien einzutauschen und dadurch die Sammlung zu konzentrieren, das ist seit der Krise vorbei. Die Händler wären gut beraten, das wieder einzuführen und so Beziehungen zu einer jüngeren Sammlerschaft herzustellen.

Glauben Sie auch, daß man als Sammler eine Vorbildfunktion für die nachfolgende Sammlergeneration hat?

Genau wie ich früher verfolgt habe, was Wolfgang Hahn macht, werde auch ich heute wahrscheinlich von jüngeren Sammlern beobachtet und in einer gewissen Distanz umkreist. So lernt man nämlich, daß aus dem Ansammeln von vielen kleinen Dingen, wenn man es mit Passion betreibt, sich irgendwann eine große und wichtige Sammlung entwickeln kann.

Die Vielschichtigkeit, auch der unbedeutenderen und kleineren Dinge, voraus-gesetzt es handelt sich um die richtigen Dinge, kann ja gar nicht genug in ihrer Qualität betont werden.

Im nachhinein erreichen manche kleineren Dinge, die teilweise erst auf Grund einer Nachfrage des Sammlers vom Künstler abgeschlossen wurden, eine andere Qualitäts-ebene. Sie bekommen oft erst später diese Bedeutung.

Wenn Sie rückblickend drei Werke kaufen könnten, die Sie entweder zum dama-ligen Zeitpunkt noch nicht kannten oder nicht kaufen konnten, könnten Sie die heute benennen?

Sicher: Erstens ein großes wichtiges Bild von Cy Twombly, *Crimes of Passion II.* Das hing damals bei Borgmann im Hinterraum, während vorne Zeichnungen ausgestellt waren, von denen ich dann eine graue Twombly-Zeichnung, eine Walter de Maria-Zeichnung aus der Sammlung Wolfgang Hahn [*I hate Paul Klee*], die ich schon lange begehrte, und ein weiteres Blatt kaufte. Diese drei Zeichnungen kosteten fast 2/3 des Bildpreises. Aber diese eine graue Linienzeichnung von Twombly war für mich so verstörend und faszinierend zugleich, daß ich die haben mußte. So habe ich *Crimes of Passion II* versäumt bzw. mir versagen müssen. Daraus hat sich aber auch die Bekannt-schaft mit Twombly ergeben, woraus ein Portrait resultiert, daß Twombly in der ihm eigenen Art von mir gemacht hat. Eine künstlerische Bekanntschaft, die mich auch per-sönlich sehr bereichert hat. Aber ein großes repräsentatives Bild aus Twomblys Atelier habe ich nicht bekommen können. Das ist auch eine Tragik des Sammlers. Zweites Werk wäre *Anschwebende Ladung › vor ‹ Isolationsgestell* von Beuys, die Paul Wember dann für das Kaiser-Wilhelm-Museum erwarb. Diese Arbeit ist mir noch lange durch den Kopf gegangen, überstieg aber damals bei weitem meine Mittel. Natürlich gibt es dann noch die ein oder andere Arbeit, z.B. von Walter de Maria. Der *Golden Tower* von Byars hat mir aber auch immer vorgeschwebt, und eines Tages habe ich den finanziellen Klimmzug gemacht und den Wunsch verwirklicht.

Gab es noch andere Versäumnisse?

Ich hatte in diesem Zusammenhang sogar traumatische Erlebnisse, unter denen ich noch heute leide. Dazu gehört, daß ich Polke nach dem Erwerb von *Tischerücken* immer wieder Briefe mit meinen Wünschen nach Erwerb bestimmter Bilder, die ich auf Vernisagen gesehen hatte, geschrieben habe. Das waren immer die Bilder, die Polke dann zuerst für sich selbst behalten und später zu hohen Preisen in den Handel weitergegeben hat. Es ist ein Phänomen: wenn man im Atelier den Wunsch nach Akquisition eines bestimmten Werkes äußert, erkennt mancher Künstler plötzlich die ihm vielleicht bis dato verborgen gebliebene Qualität dieses Stücks und beschließt, es erst einmal zu behalten. Aber »über die Schwierigkeit an Polke bzw. ein Bild von ihm zu kommen« kann man meinen Beitrag im Katalog seiner amerikanischen Ausstellung nachlesen.

So kann aus dem Sammler der unfreiwillige Kurator der Privatsammlung des Künstlers werden. Von welchen Künstlern in Ihrer Sammlung hätten Sie gerne noch mehr Arbeiten, welches sind Ihre Lieblingskünstler?

Das läßt sich leicht beantworten: Beuys, Twombly und Polke. Ich hätte gerne auch noch diese oder jene Arbeit von Kounellis, da schweben mir aber ganz bestimmte Werke vor. Von Broodthaers hätte ich gerne auch noch die Bank gehabt, die Hahn damals weggegeben hat. Und bei On Kawara hatte ich bei einem Besuch vor ungefähr 10 Jahren den Wunsch geäußert »Each Size, Each Year, Each Colour«. Das wäre ein wunderbares Konvolut geworden, wobei es mich, vom enormen Preis abgesehen auch zu sehr an einen Künstler gebunden hätte.

Ihr erwähnter Text zu Polke läßt Sie als leidenschaftlichen Sammler erscheinen, der bis an die Grenzen der Selbstaufgabe geht…

Man muß das natürlich mehrschichtig sehen. Das habe ich ja oft postuliert: Ein Sammler, der auch nur einen Pfennig übrig hat, ist kein ernsthafter Sammler. Solange ich ein eigenes Bankkonto habe, ist das maßlos überzogen. Das ist die eine Seite. Manche Künstler meinen aber auch, daß man sich, egal ob als Sammler, Editeur oder Kurator, brüskieren lassen muß, weil man mit Forderungen an sie herantritt. Das führt bis hin zu

Beschimpfungen durch Künstler bei öffentlichen Anlässen. Auch diese Form der Selbst-aufgabe gehört zur Passion. Manche dieser Künstler machen das aber wieder gut, indem sie nachher den Sammler in den Vorworten zu ihren Katalogen wieder loben. Sammler, die nicht verschuldet und nicht bereit sind, Wege nach Canossa anzutreten, sind in mei-nen Augen keine passionierten Sammler.

Ihre Sammlungen sind sehr vielschichtig und vielgestaltig...

Vielleicht liegt das daran, daß es bei mir seit langem drei Schwerpunkte gibt: Hand-schriften und alte Drucke von Petrarca, dann die umfangreiche Proust-Sammlung und eben die zeitgenössische Kunst mit dem über jeden von mir gesammelten Künstler zu-sätzlich angelegten umfangreichen Archiv. Diese Dreigliedrigkeit der Sammlung hat sehr viel Geld verschlungen. Oft stößt man an seine finanziellen Grenzen. Dann fällt die Entscheidung schwer, da alle drei Bereiche, – je nach obsessionaler Stimmung – und auch nach Angebotslage –, ihren Tribut fordern. Eine mir kürzlich angebotene Petrarca-Handschrift auf Pergament hätte ich nur kaufen können, wenn ich mich von meinem *Strawinsky*-Bild getrennt hätte, dem größten existierenden Bild von Kounellis. Da war ich im Zweifel, was wichtiger für den jeweiligen Teil der Sammlung ist. Ich habe mich dann doch für das Bild entschieden. Aber auch ein kleines Manuskript von Proust kostet Geld, was dann für die Kunst nicht mehr zur Verfügung steht. Man muß sich oft beschränken um der Stringenz eines Zusammenhanges willen.

Ist der Sammler Reiner Speck mit dem Profil seiner Sammlung zufrieden? Sie haben ja in der Vergangenheit zuweilen auch getauscht um zu erweitern...

Wer keine Desiderata hat, zu dem was er hat, der hat dazu auch kein richtiges Verhält-nis. Ich habe so meine Vorstellungen, obwohl das Profil meiner Sammlung von anderen gezeichnet wird. Ich selbst bin gar nicht daran interessiert, eine profilierte Sammlung zu schaffen. Es kommt mir auf eine kontextuell stringente Zusammenstellung an, wo die Werke um ein Zentrum gruppiert sind. Diese Konstellationen können aber so privatis-sime sein, daß das auf einen Außenstehenden weniger wie ein Profil, sondern mehr wie eine Grimasse wirkt. Daß meine Sammlung offensichtlich dennoch profiliert erscheint, liegt zum Teil an einer zeitgeistgemäßen Interpretation. Obwohl manch andere Samm-ler bestimmt soviel Geld aufgewendet haben wie ich, ist deren Sammlung entweder nicht so bekannt oder sie ist so privat angelegt, daß sie nicht mehr in einen öffentlichen Rezeptionsmechanismus hereinpaßt. Andererseits können zur Profilierung auch im nachhinein vollzogene Gesten beitragen. Zum Beispiel eine Sammlung, die von einem wichtigen Galeristen betreut wird, der bei der Gestaltung des Katalogs und bei der Aus-wahl des Museums, das diese Sammlung der Öffentlichkeit vorstellte, mitwirkt, und der auch Einfluß auf das nimmt, was dann im Katalog und in der Ausstellung nicht auf-taucht. Unter vielen Sammlern sehe ich mich in dieser Beziehung als singulär an.

Bevor ich Sie wieder ganz der Einsamkeit Ihrer Entschlüsse, ja überhaupt der Einsamkeit, die Sie ja offensichtlich schätzen, überlasse, sei noch eine Frage gestellt: Nennen Sie mir doch die Maler, von denen Sie gern je ein Bild auf die berühmte ›Insel‹ mitnehmen würden, unabhängig davon, ob diese Maler bereits in Ihrer Sammlung vertreten sind...

Wenn, dann sollte es natürlich Eigenes sein, sonst müßte ich ja etwas aus den Museen der Welt stehlen. Bei einigen kann ich Ihnen sogar den Grund nennen, warum. Also auf jeden Fall ein Bild von Twombly, weil man, was die Lesbarkeit anbelangt, nie ans Ende kommt. Dann ein On Kawara-Bild, aus Gründen der Vanitas. Dann wird es schon dünn, weil ich mit der übrigen Malerei, auch der in der Sammlung vertretenen, auf der Insel gar nichts anfangen kann, weil sie kontextuell aufgearbeitet wird und auch immer wieder neu erlebt wird. Es gäbe z.B. von Polke nur wenige Bilder, die einen in eine kontemplative Phase versetzen könnten. Man stellt Beziehungen her, die aus Büchern gespeist werden wollen, aus musealen Begegnungen oder konkreten Ereignissen. Rückzug oder Verbannung auf eine Insel würde mit einer gewissen Ereignislosigkeit und dem Verzicht auf äußere Einflüsse einhergehen. Man geht praktisch nur mit seinem Kopf dahin. Lieber würde ich den *Golden Tower* von James Lee Byars aufbauen. Entscheidend wäre, in welchen Verhältnissen man auf der Insel leben würde, im Palast oder im Zelt. Das wird immer vergessen. ›Insel‹ wird immer als ein Ort der Isolation und Entbehrung und damit vielleicht einer drohenden Langeweile evoziert. Auf der ›Ile de la Cité‹ würde mir nichts fehlen, und statt Bildern würde ich wahrscheinlich lieber Proust als Lektüre ohne Ende mitnehmen.

Beim Thema Sammeln kann man wohl, weil es im Thema selbst schon begründet liegt, nie zu einem Ende kommen, weil das Ende eines Sammelns eigentlich nur durch äußere Umstände herbeigeführt werden kann, also z.B. Tod.

Sammeln ist für einige Leute wirklich existentiell. Obwohl ich Geburtstage ignoriere, habe ich mindestens an jedem fünften Geburtstag gesagt, jetzt muß Schluß sein. Es belastet die Familie und verschlingt ungeheure Energien und Geld. Leute, die sagen, sie hätten nur einmal im Leben aufhören wollen, denen fehlt die Leidenschaft und der Mut. Ich mag zwar vieles nur halb machen, aber eben nicht halbherzig.

Das ist eben der Unterschied zwischen ›nur‹ Beschäftigung und leidenschaftlichem Interesse, das jetzt durch die Ausstellung Drawing Room *in der Neuen Galerie am Landesmuseum Joanneum in Graz durch Ausstellung und Katalog des aktuellen Bestandes an Arbeiten auf Papier und Plastiken aus Ihrer Sammlung dokumentiert wird. Ich bedanke mich für dieses offene, in angenehmer Atmospähre geführte Gespräch.*

REINER SPECK

Paul Maenz

—

Galerist und Sammler

Vor unserem Gespräch hatte die Presse über Paul Maenz' Absicht berichtet, einen Großteil seiner Sammlung zeitgenössicher Kunst an die *Kunstsammlungen zu Weimar* zu geben, nämlich 150 Bilder und plastische Arbeiten und 200 Zeichnungen; zwei Viertel davon als unbefristete Leihgabe, ein Viertel als Schenkung und ein Viertel zum Ankauf. Nicht erwähnt wurde, daß die Kaufsumme das Startkapital für eine noch zu gründende Stiftung *Kunstgespräche zu Weimar* sein würde, deren Zweck die Ausrichtung von Gesprächen internationaler Fachleute in Weimar zum Thema Kunstvermittlung ist. Das vor dem Umzug nach Berlin geführte Gespräch verdeutlichte, daß die Überzeugungen, die jemanden mit der Kunst verbinden, wichtiger sind als die Unterscheidung in Galerist, Kunsthändler oder Sammler.

—

Das Statement von Seth Siegelaub »Art is to change what you expect from it« stand als Motto auf den Briefhüllen Ihrer Galerie, ist es auch das Motto des Sammlers Paul Maenz?

Wer privat und ohne von außen vorgegebene Aufgabe sammelt, der sammelt an seinen Erkenntnissen und Möglichkeiten entlang. Und diese ändern sich im Laufe eines Lebens normalerweise erheblich, das heißt, wenn man im Alter von 18 Jahren seine erste Graphik kauft und dann dabei bleibt (beim Kunstkaufen), hat die bestimmt keine Ähnlichkeit mehr mit der Skulptur, die man mit 60 Jahren kauft. Also, ich meine nicht den Unterschied zwischen Graphik und Skulptur, sondern die dazwischen liegende Kunstbetrachtung und Lebenserfahrung; insofern ist das ein Prozeß. Ich kann mir im Grunde genommen jeden Umgang mit Kunst gar nicht anders vorstellen als prozeßgebunden. In der Kunst gibt es ja legitimerweise keine festen Standpunkte, abgesehen von den armen Kunsthistorikern, und das ist ja schon gefährlich genug. Aber jemand, der sich mit zeitgenössischer Kunst befaßt, bräuchte gar nicht erst anzufangen... Die Veränderung ist das Beständige; wie es so schön heißt. Das ist das Wesen der Sache, und daran entwickelt sich alles.

Nach zwanzig Jahren Galeriearbeit ist 1991 ein sehr schönes umfangreiches Buch herausgekommen. Die in diesem Buch publizierten Künstler scheinen in der Rückschau deutlich gewichtet; sei es durch Reduzierung auf S/W-Abbildung wie bei Tatafiore und den Poiriers oder auf bloßes Erwähnen in der Chronologie wie bei Bertholin und Rutault, nur als Beispiel. Kann es sein, daß Sie mit diesem Buch Farbe bekannt haben, die dem einen oder anderen Ihrer Sammler weh tut?

Über die Gefühle der Sammler kann ich weniger sprechen, ich habe darauf auch keine Rücksicht genommen, auch den Künstlern gegenüber nicht. Auf der anderen Seite denke ich aber auch, daß jeder, der weiß, was er tut, auf meine Meinung nicht angewiesen ist. Wenn jemand mit Selbstbewußtsein als Künstler etwas gemacht oder mit Verstand gesammelt hat, wird er hoffentlich nicht schwankend werden, wenn ein Kunsthändler seine individuellen Vorlieben klarmacht. Es geht in der erwähnten Dokumentation prinzipiell um die Künstler, die ich für besonders wichtig oder für die Arbeit dieser Galerie besonders bezeichnend halte und die auch besonders häufig aufgetaucht sind. Manche Künstler traten ja durch einen einmaligen Glücksfall auf und dann nie wieder, oder aber wir hatten das Glück, sie nie wieder auftreten lassen zu müssen, das ist ja auch ein Aspekt. In der Rückschau gibt man manchen Dingen natürlich auch ein Gewicht, das vielleicht gar keine Ähnlichkeit mehr hat mit ihrer Einschätzung am Anfang. Frage ist dann, wann man mehr ›recht‹ hat – ich würde sagen am Anfang, wenn man sich einer Sache stellt. Wenn ich das mit der Liebe vergleiche: Es ist doch auch spannender, Kinder zu zeugen, als über die Köpfchen der Enkel zu streicheln, oder? Es ist einem in der Rückschau genau wie am Anfang nicht egal, nur sieht es von den beiden Enden aus besehen verschieden aus. Auf jeden Fall steht das größere Abenteuer immer am Anfang.

Bestimmte Künstler bekommen plötzlich einen ganz anderen Stellenwert zugewiesen, ich denke da an Jan Knap, den ich übrigens sehr schätze.

Das ist ein Beispiel für das eben gesagte, daß man nämlich die Dinge, die neu sind, in den Vordergrund stellt. Als wir diese Dokumentation dem Verlag abgeliefert haben, war Jan Knap für uns noch frisch. Und dann gibt es, nicht so sehr auf Knap bezogen, in der Kunstpublizistik auch das merkwürdige Phänomen, daß bestimmte Arbeiten fotogen sind und sich hervorragend für die Reproduktion eignen und andere eben nicht. Manchmal gibt es von einem Kunstwerk, egal ob gut oder nicht so gut, viele Fotos für Pressezwecke, beziehungsweise ist es einem gelungen, eine Skulptur besonders effektvoll zu fotografieren, und dann kommt manchmal ein Kunstwerk zu Markenzeichenehren, die es vielleicht gar nicht verdient hätte – es waren nur einfach günstige Umstände.

Kann es sein, daß Sie in all den Jahren als Galerist für sich persönlich entschieden hatten, was gut ist und das beiseite getan haben? War Ihre Sammlung aus der Ausstellungstätigkeit heraus bereits in ihrer Entwicklung angelegt?

ART IS TO CHANGE WHAT YOU EXPECT FROM IT

GALERIE
PAUL MAENZ
KÖLN

1970 – 1980 – 1990

1983 – 1990: BISMARCKSTRASSE 50

Das ist bei Galerien so eine Mischung aus den Ladenhütern, die manchmal zum Besten gehören, obwohl sie nicht verkauft wurden, weil sie zu anspruchsvoll waren, und eines Tages sind sie einem zu schade, um sie zu verkaufen. In unserem Fall z.B. der berühmte dreiteilige Stuhl von Joseph Kosuth: der Stuhl, das Foto vom Stuhl und die Wörterbuchdefinition für Stuhl nebeneinander. Das sind grundlegende Werke. Und weil ich es mir eines Tages leisten konnte, dachte ich: Die beste Adresse bin ich selbst. So ist von bestimmten Künstlern, die ich besonders schätze, eine Art Grundlage zusammengekommen, die für die weitere Sammeltätigkeit den Ausgangspunkt gebildet hat. Irgendwann, und dabei spielt natürlich auch das Geld eine Rolle, fängt man an – nicht unbedingt nach dem Motto »Die Guten ins Töpfchen, die Schlechten ins Kröpfchen« – das, was man hat, zu ergänzen und nutzt dabei natürlich die Vorteile, die man als Galerist hat. Das heißt, wenn ich mit einem Künstler eine Ausstellung mache, kenne ich in der Regel die Arbeiten schon vorher, und man hat während der Ausstellung ja auch einen gewissen Einfluß darauf, was man verkauft. Obwohl: Ich hätte manches Bild gerne selbst behalten, was dann entweder nicht möglich war, weil ich es mir nicht leisten konnte, oder ich konnte es einem der Sammler, von denen die Galerie lebte oder der für den Künstler besonders wichtig war, wie z.B. ein Museum, nicht verweigern. Es war eine Art Dauerlauf von Monat zu Monat und von Jahr zu Jahr. Alle Sammlungen von ehemaligen Kunsthändlern und auch die von Noch-immer-Kunsthändlern spiegeln ja nicht nur deren Vorlieben sondern auch deren Möglichkeiten wider, und die sind auf der einen Seite größer als die eines normalen Sammlers, auf der anderen Seite aber auch sehr viel eingeschränkter.

Die für Weimar bestimmte Sammlung besteht ja hauptsächlich aus einer über-schaubaren Reihe von Künstlern der immer noch jüngeren Generation. Darüber-hinaus scheint mir auch die Farbe eine wesentliche Rolle zu spielen. Verzeihen Sie die ketzerische Frage: Hat sich der intellektuelle Galerist, als der er hauptsächlich in den 70er Jahren erschien, als Sammler zum Augenmensch entwickelt?

Nein, ich habe auch schöne Konzeptkunst immer besser gefunden als unattraktive, damit fängt es schon an. Man vergißt immer, daß diese so stringente Kunst der 60er, 70er Jahre von einer ästhetisch ungeheuren Präzision war. Sie war auch optisch sehr bewußt, da gab es genausowenig Zufälle, wie bei einem anständig gemalten Bild. Ich habe diese Unterscheidung zwischen der Malerei und der konzeptuellen Kunst der Anfangsjahre eigentlich nie akzeptiert. Den Vorwurf, daß ich das eine für das andere verraten hätte, kann ich nicht akzeptieren, denn wir haben ja nicht irgendwelche Maler präsentiert, sondern Leute mit einem ganz bestimmten Hintergrund, nämlich dem, den auch die Galerie hatte. Und wir haben, als es diese Neue Malerei gab, parallel dazu das andere ja auch weiterhin gezeigt. Aber das hat man nicht so wahrgenommen, ganz ein-fach, weil einen als Zeitgenossen eben das, was in der Zeit passiert, viel mehr bewegt, positiv oder negativ. Was Weimar betrifft, sollte man einfach einmal die Hängung der Sammlung abwarten und sehen wie es aussieht. Ich könnte mir durchaus vorstellen, daß sich die Gewichte die Waage halten, wobei man durchaus innerhalb der konzeptuellen Kunst z.B. genauso unterscheiden muß – ob ein Daniel Buren oder eine Hanne Dar-boven – wie bei den Malern zwischen Walther Dahn etwa oder Anselm Kiefer. Malerei ist ja ebensowenig gleich Malerei, wie Konzeptkunst nicht gleich Konzeptkunst ist. Und da ich das vorhandene Material kenne, ist mir auch bewußt, was fehlt. Ich weiß zwar nicht, ob ich in der Lage sein werde, das auszugleichen oder zu verbessern, aber das Museum muß ja irgendwann auch anfangen, eine eigene Sammlungstätigkeit zu ent-wickeln. Nach Weimar geht ja auch nicht die ganze Sammlung. Man muß ja erst einmal sehen, was die Praxis bringt.

Nennen Sie mir doch kurz die Schwerpunkte in Verbindung mit einigen Namen...

Da ist zum einen Piero Manzoni mit einer ganzen Gruppe historischer Werke, dann die Konzeptkunst von Joseph Kosuth bis hin zu On Kawara oder Robert Barry. Bei der Arte Povera: Alighiero e Boetti bis hin zu Giuseppe Penone und bei der Transavantguar-dia die drei C: Cucchi, Chia, Clemente. Die jüngere deutsche Malerei ist mit Walter Dahn, Jiri Georg Dokoupil und Rainer Fetting, aber auch mit Peter Bömmels oder Albert Oehlen vertreten. Nicht so leicht einzuordnende Künstlerpersönlichkeiten wären dann Peter Roehr, Giulio Paolini oder Anselm Kiefer, die besonders stark vertreten sind. Und für die 90er Jahre stehen dann Namen wie Philip Taaffe, Rob Scholte und Keith Haring. Das Kunststück bei dieser Sache ist, daß man etwas Ineinandergreifendes schafft, wobei wir im Moment nur von ca. 1960 bis 1990 reden können. Bis Weimar

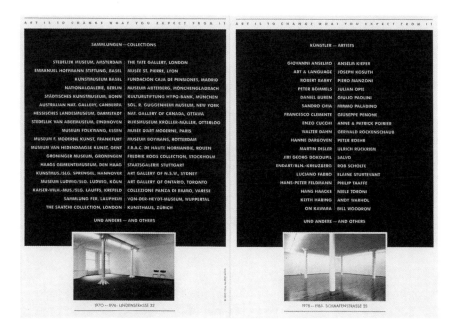

ART IS TO CHANGE WHAT YOU EXPECT FROM IT

SAMMLUNGEN — COLLECTIONS

STEDELIJK MUSEUM, AMSTERDAM	THE TATE GALLERY, LONDON
EMMANUEL HOFFMANN STIFTUNG, BASEL	MUSÉE ST. PIERRE, LYON
KUNSTMUSEUM BASEL	FUNDACIÓN CAJA DE PENSIONES, MADRID
NATIONALGALERIE, BERLIN	MUSEUM ABTEIBERG, MÖNCHENGLADBACH
STÄDTISCHES KUNSTMUSEUM, BONN	KULTURSTIFTUNG HYPO-BANK, MÜNCHEN
AUSTRALIAN NAT. GALLERY, CANBERRA	SOL. R. GUGGENHEIM MUSEUM, NEW YORK
HESSISCHES LANDESMUSEUM, DARMSTADT	NAT. GALLERY OF CANADA, OTTAWA
STEDELIJK VAN ABBEMUSEUM, EINDHOVEN	RIJKSMUSEUM KRÖLLER-MÜLLER, OTTERLOO
MUSEUM FOLKWANG, ESSEN	MUSÉE D'ART MODERNE, PARIS
MUSEUM F. MODERNE KUNST, FRANKFURT	MUSEUM BOYMANS, ROTTERDAM
MUSEUM VAN HEDENDAAGSE KUNST, GENT	F.R.A.C. DE HAUTE NORMANDIE, ROUEN
GRONINGER MUSEUM, GRONINGEN	FREDRIK ROOS COLLECTION, STOCKHOLM
HAAGS GEMEENTEMUSEUM, DEN HAAG	STAATSGALERIE STUTTGART
KUNSTMUS./SLG. SPRENGEL, HANNOVER	ART GALLERY OF N.S.W., SYDNEY
MUSEUM LUDWIG/SLG. LUDWIG, KÖLN	ART GALLERY OF ONTARIO, TORONTO
KAISER-WILH.-MUS./SLG. LAUFFS, KREFELD	COLLEZIONE PANZA DI BIUMO, VARESE
SAMMLUNG FER, LAUPHEIM	VON-DER-HEYDT-MUSEUM, WUPPERTAL
THE SAATCHI COLLECTION, LONDON	KUNSTHAUS, ZÜRICH

UND ANDERE — AND OTHERS

KÜNSTLER — ARTISTS

GIOVANNI ANSELMO	ANSELM KIEFER
ART & LANGUAGE	JOSEPH KOSUTH
ROBERT BARRY	PIERO MANZONI
PETER BÖMMELS	JULIAN OPIE
DANIEL BUREN	GIULIO PAOLINI
SANDRO CHIA	MIMMO PALADINO
FRANCESCO CLEMENTE	GIUSEPPE PENONE
ENZO CUCCHI	ANNE & PATRICK POIRIER
WALTER DAHN	GERWALD ROCKENSCHAUB
HANNE DARBOVEN	PETER ROEHR
MARTIN DISLER	ULRICH RÜCKRIEM
JIRI GEORG DOKOUPIL	SALVO
ENDART/BLN.-KREUZBERG	ROB SCHOLTE
LUCIANO FABRO	ELAINE STURTEVANT
HANS-PETER FELDMANN	PHILIP TAAFFE
HANS HAACKE	NIELE TORONI
KEITH HARING	ANDY WARHOL
ON KAWARA	BILL WOODROW

UND ANDERE — AND OTHERS

1970 — 1976: LINDENSTRASSE 32

1978 — 1983: SCHAAFENSTRASSE 25

konkret steht, wird ja auch wieder ein halbes Jahrzehnt vergangen sein. Dann wird man sich überlegen müssen, wie weit man in die Vergangenheit geht. Ich finde zwar, daß man durchaus von einem Künstler ein brandaktuelles Bild im Museum haben kann, aber nicht unbedingt einen brandneuen Künstler. Ich habe nie Museumsleute gedrängt, ein Bild von einem Künstler, der gerade seine zweite Ausstellung hat, für die Museumssammlung zu erwerben. Das sollte dem privaten Sammler vorbehalten bleiben.

Wann kam die Entscheidung, als Galerist auch zu sammeln?

Es gab da eigentlich keinen bestimmten Moment. Wie gesagt, am Anfang konnte man bestimmte Sachen nicht verkaufen, mußte sie aber, aus welchen Gründen auch immer, erwerben. Dann hatte man Sachen, die man nicht so gerne hergeben wollte, weil man sich an sie gewöhnt hatte. Und irgendwann stellte sich das dann als eine Art Corpus dar. Aber so eine richtige Entscheidung, zu sammeln, habe ich nie getroffen. Andersherum gesehen: Als ich meine erste Reise durch die Ex-DDR machte, habe ich gedacht, daß das, was ich habe, durchaus Sinn macht, obwohl es vielleicht nicht so sehr eine Sammlung ist, aber für die Öffentlichkeit brauchbar wäre. Das ist ein Unterschied.

Nach welchen Kriterien haben Sie die Bilder für Ihre Sammlung ausgewählt: Kopf oder Bauch, wenn ich das einmal so formulieren darf?

Das habe ich nie so richtig getrennt. Ich denke, daß ich mit meinem Bauch nicht sehr

GALERIST UND SAMMLER

hinter meinen Kopf zurückfalle und mit dem Kopf nicht sehr hinter den Bauch. Auch der Bauch kann ja nicht hinter die Erkenntnisse des Kopfes zurück. Für bestimmte Maler, Kiefer als Beispiel, habe ich lange gebraucht. Ich habe mich gegen Kiefer und seine Inhalte ungeheuer lange gewehrt; mehr gegen die Inhalte als gegen die Form seiner Malerei. Aber schließlich wurde ich durch die Bilder schachmatt gesetzt. Wir haben ja hier auch nicht irgendwelche heftigen, deftigen Maler gezeigt, sondern Leute, die einen Hintergrund hatten, über den ich anfangs nicht so sehr nachgedacht, aber doch immer gespürt habe. Also bei Dahn habe ich sicherlich Beuys und bei Dokoupil Kosuth durchgespürt, deren jeweilige Lehrer. Es gibt auch Ausnahmen. Eine wäre Peter Bömmels, der hat nämlich keinen derartigen Hintergrund, aber eben eine Haltung. Und diese Haltung ist nicht so sehr intellektuell oder geistig, sie ist sicher auch nicht von Malerei diktiert. Bömmels ist eben dieser seltene Fall, daß jemand eine moralische Haltung in Bilder umsetzen kann und auf eine archetypische Art und Weise bildmächtig wird, was es fast nie gibt. Er hat ein ganz begrenztes Klavier, auf dem er spielt, aber die Musik spielt in die Tiefe, und das ist das Gegenteil von dem, was die sogenannte ›wilde‹ Malerei tat, die nämlich an die Fläche ging und sich ausweitete. Bömmels ist dieses Enge, Tiefe und dann auch in sich Hineinhorchen weit über Moral hinaus. Insofern ist das eine phänomenale Figur, die innerhalb des Galerieprogramms die absolute Ausnahme bildete.

Kann man das eigentlich trennen: Ich stelle einen Künstler aus, würde aber nichts von ihm in meiner Sammlung konservieren wollen? Hat es eventuell damit zu tun, was Marcel Duchamp gemeint hat, der forderte, daß man ein Kunstwerk lieben und nicht bewerten soll? Enthält Ihre Sammlung im Gegensatz zum ehemaligen Händlerlager die Bilder, die Sie, weil Sie sie lieben, gesammelt haben, um sie nicht mehr vom Geldwert her bewerten zu müssen?

Ich glaube wirklich, obwohl man es ja nie so genau weiß, daß ich die Kunstwerke so ausgewählt habe. Also manche haben mich einfach angesprungen, und das tun sie immer noch, wenn ich heute durchs Lager gehe, ohne daß ich es erklären könnte. Andere haben mich überzeugt aufgrund ihrer nicht zu widerlegenden Argumente. Es gibt ja als ein präzises Vergnügen Kunstwerke, die einen bezwingen auf Grund ihrer Argumentation. Gerade bei dieser Kunst, die ja sehr von Überlegung ausging, die, wenn man Glück hatte, sich auch übersetzte in eine ästhetisch nicht nur befriedigende, sondern auch neue Form. Beispiel ist Joseph Kosuth, den ich für einen ganz entscheidenden Mit- und Vordenker halte. Der ging, wenn er nach Köln kam, aber auch in Turin, immer zuerst in die Schreibwarengeschäfte. Das war eine Form von Ästhetik, die jenseits der Malerei war, die er aber brauchen konnte für die rationale und graphische Art der Darstellung seiner Überlegungen. Aber wieweit man die Kunstwerke aus dem Kreislauf erlöst, das ist ja, wonach Sie fragen… Also, das klingt jetzt ganz unglaubwürdig und abgegriffen, aber wenn ich etwas haben wollte, hat der Geldwert wirklich so lange eine Rolle gespielt, bis ich wußte ob ich es mir leisten konnte oder nicht. Und danach war er auch nicht mehr relevant. Wenn ich also heute durch die Regale gehe, denke ich eigentlich nie, dieses Kunstwerk müßte man besser verpacken, weil es inzwischen so wertvoll geworden ist, und bei dem hier braucht man eigentlich keine Folie, weil es eben nicht so teuer ist. Der Gedanke kommt einem nicht. Viel häufiger denkt man, daß dieses Bild nicht so wichtig ist und eigentlich gar nicht hierhin gehört, oder an jenes darf nichts drankommen, damit es, solange kunstgeschichtliches Interesse existiert, greifbar bleibt. Wie gesagt, das ist ein Prozeß, wobei wir hier ja an die erste Frage anschließen. Beim Blick auf seine Sammlung wird man nicht schwankend und unsicher, aber man wird doch ständig anders sehen und neu bewerten, und man wird es immer aus der Gegenwart her sehen und nicht aus der Vergangenheit. Daher ist auch die Gegenwart das absolut Entscheidende. Einerseits also die Chronisten- und Sorgfaltspflicht, die man gegenüber Kultur hat, weswegen ich mich auch gut mit Museen befassen kann. Aber die Sicht auf die Dinge muß, glaube ich, von heute sein.

Hat der Galerist Paul Maenz als Sammler während zwanzig Jahren vieles aufgehoben, um am Ende sagen zu können: Das was ich jetzt habe, ist es wert, daß ich das andere weggegeben habe? Sind Sie mit Ihrer Sammlung zum jetzigen Zeitpunkt zufrieden, unabhängig davon, daß sie sich noch erweitern lassen wird?

Wie bereits gesagt, war das alles ja nicht strategisch angelegt, sondern es ist eben so gekommen. Innerhalb meiner Möglichkeiten spiegelt die Sammlung verhältnismäßig gut wider, was mir wichtig ist. Andererseits dürfte es einen zufriedenen Sammler kaum geben. Ich habe bis heute, wo plötzlich von meiner Sammlung die Rede ist, nie Vollständigkeit angestrebt. Es gibt so ein paar Fälle, z.B. Piero Manzoni, wo ich versucht habe, aus den verschiedenen Werkgruppen jeweils ein schönes Beispiel zu haben. Später habe ich, als ich merkte, daß ich aus fast jeder Werkphase von Dokoupil etwas hatte, versucht, für das, was mir noch fehlte, die besten Beispiele zu bekommen. Und dennoch war es nie ein zielstrebiges Sammeln. Ich könnte mir reihenweise Kunstwerke aus anderen Sammlungen denken, die ich gerne oder sogar lieber hätte. Aber ich glaube, daß es bei einer Sammlung auch darauf ankommt, wie man damit umgeht. Wenn es also zu dem praktischen Fall kommt, daß man die Sammlung hängt, dann ist das eigentlich ein stark unterschätzter Augenblick. Deswegen ist mir auch die Sammlung Ludwig so fremd. Da wird angeschafft, und das wars dann auch. Dann behauptet diese Sammlung zwar irgendwelche Positionen, die in der Regel auch mit Macht zu tun haben, aber ich denke, der Umgang mit dem, was man hat, ist genauso Teil der Sammlung wie der Scheck, den man einmal dafür ausgeschrieben hat. Der Sammler ist aus dieser Verantwortung, die er ja trägt, bis zum Schluß nicht entlassen, bis er stirbt oder vorher die Sammlung weggibt. Jedenfalls hoffe ich, daß, wenn sich Weimar jetzt realisiert, die Chance besteht, an der Präsentation mitzuwirken, wenigstens beim ersten Mal. Man kann dann vielleicht manches, was einem schmerzhaft fehlt, mit einem trostreichen Pflaster überdecken und andere Dinge, die vielleicht im einzelnen nicht so bedeutend sind, im Zusammenklang so einleuchtend machen, daß man sieht, daß in der Sammlung ein gewisses Verständnis für Bedingungen und Zusammenhänge herrscht und natürlich ein gewisses Gefühl für die Zeit, aus der die Dinge stammen wie für die Zeit, in der es jetzt gezeigt wird, in die man es immer wieder übersetzen muß. Diese Übersetzertätigkeit ist auch das, was mir vorschwebt für die Weimarer Stiftung, wo es also um Themen der Kunstvermittlung geht. Das ist aber etwas, was mit der Sammlung primär nichts zu tun hat. Das Sammeln, und das wird Ihnen in den Gesprächen mit anderen Sammlern ja auch ganz deutlich geworden sein, ist eine Sache, die so viele Gesichtspunkte hat, wie die Person, die es ausübt. Es gibt manche Sammlungen, die sind überschaubarer, weil ein Sammler sich mal einen bestimmten Bereich herausgeschnitten hat. So wie ich natürlich irgendwo die Grenze dort habe, wo die Galeriearbeit aufhörte, weil ich über den Rand der Galerie wenig gesammelt habe und auch wenig habe sammeln können, insofern ist da auch diese Ausschnitthaftigkeit. Andererseits war meine Galerie ja nie eine Richtungsgalerie, sondern, da sie verhältnismäßig weitgehend der Kunst gefolgt war, hatte sie sehr viele Anknüpfungspunkte. Insofern ist die Sammlung also keineswegs reinrassig, aber eben auch nicht hermetisch. Deswegen meine ich, muß man jetzt sehen, was die Zeit und die Museumsleute damit machen.

Wenn Sie rückblickend noch drei Ausstellungen machen könnten, in den Jahren zwischen 1970 und 1990, welche Künstler hätten Sie dann gezeigt? Vielleicht auch Künstler, die Sie gerne in Ihrem Programm gehabt hätten, bei denen es aber zu keiner Zusammenarbeit kam. Auch im Hinblick auf die sich daraus ergebende Möglichkeit, ein Bild für die Sammlung auswählen zu können...

Über diese Frage müßte ich länger nachdenken. Vor allen Dingen müßte es ja auch eine Ausstellung sein, die besonders gut gelingt. Es gibt ja wunderbare Künstler, die Ausstellungen machen, die eben nicht so bedeutend sind. Ich habe mir diese Frage nie gestellt und kann das aus dem Stehgreif gar nicht beantworten.

Wir hatten einmal darüber gesprochen, daß Sie um 1985 die Idee zu einer Joseph Beuys Ausstellung hatten...

Ja, ich hatte deswegen mit Beuys gesprochen, aber es ging nicht, er war da gesundheitlich nicht mehr in Ordnung, und es ist wahrscheinlich auch ganz richtig, daß es nicht dazu gekommen ist. Er gehörte zu einer anderen Generation, und es wäre nicht besonders einfallsreich gewesen. Genauso war es mit unserer Warhol-Ausstellung. Eigentlich war es mehr eine Wunscherfüllung. Ich hätte immer gerne eine Ausstellung mit Warhol gemacht, und als ich dann nach vielen Jahren endlich die Gelegenheit dazu hatte durch finanzielle Bedingungen und Verbindungen, haben wir diese Ausstellung auch gemacht. Aber mehr im Sinne von Hommage an jemanden, den man für ungeheuer wichtig hält. Viele Ausstellungen von Künstlern, die heute kaum noch jemand kennt, waren aber im nachhinein wesentlich wichtiger für uns. Die Antwort auf Ihre Frage will ich aber nicht schuldig bleiben… was mir spontan einfällt: Ich würde gerne noch einmal eine tolle Buren-Ausstellung machen, gerne noch einmal eine Ausstellung mit Anselm Kiefer und auch gerne eine große Sol LeWitt-Ausstellung. Aber das ist allzu naheliegend. Vielleicht zeigt es aber auch, daß ich eigentlich doch nicht die Wunschkünstler außerhalb meiner Galerie hatte. Ich würde natürlich gerne Ausstellungen machen mit Künstlern, die wir vor langer Zeit gezeigt haben, aber mit ihrer heutigen Arbeit: Eine richtig grandiose Kosuth-Ausstellung, das könnte ich mir spannend vorstellen. Oder zum Beispiel eine Ausstellung von Paolini. Aber über diese imaginäre Galerie müßte ich wirklich länger nachdenken… Ein Gefühl, daß mir etwas fehlt, daß ein Defizit geblieben oder an einem bestimmten Zeitpunkt etwas unerfüllt geblieben wäre, das stellt sich eigentlich nicht ein. So wie es war, war es auch gut.

Welche drei Künstlern sind Ihre Lieblingskünstler? Unabhängig davon, was in Ihrer Sammlung ist. Es gibt sicher den Fall, daß man von einem bestimmten Künstler nur eine relativ kleine Arbeit besitzt, die einem aber doch sehr lieb ist.

Drei ist eine unglückliche Zahl. In der Kunst dreht sich eigentlich immer alles um fünf. Jede Bewegung hat so circa fünf spannende Leute und zwischen den Ereignissen in der Kunst liegen meistens auch fünf Jahre, wobei man das natürlich nicht so eng sehen darf, diesen Rhythmus, wenngleich – der Kubismus hat auch fünf Jahre gedauert…

Dann erweitern Sie doch auf fünf Lieblingskünstler…

Auch das ist schwer genug. Also mit Blick auf die Sammlung sind mir meine Manzoni-Stücke sehr lieb, dann ist mir für das Vorfeld der Kunst der 70er Jahre Peter Roehr sehr lieb. Dann so eine eher unscheinbare Figur wie Hans Peter Feldmann. Auf jeden Fall noch Paolini. Dann habe ich noch einen Schuß frei, und das wäre dann Anselm Kiefer.

Jetzt kommt die letzte Frage, und hier habe ich auch die fünf schon eingearbeit. Sie kennen ja die berühmte Insel, auf die man etwas mitnehmen kann. Nennen Sie mir doch die fünf Maler, von denen Sie je ein Bild auf diese Insel mitnehmen würden. Unabhängig davon, ob diese Maler jetzt in Ihrer Sammlung vertreten sind oder nicht. Sozusagen Ihre Wunschsammlung…

So unglaubwürdig das jetzt auch klingen mag: Ich würde keine Bilder mitnehmen wollen. Das geht nicht, weil Kunst, egal welche Vorliebe man da hat, auf Inseln nicht geht. Im praktischen und übertragenen Sinne zu verstehen, weil Kunst ausschnitthaft nicht zu fassen ist. Das meine ich sowohl inhaltlich als auch äußerlich. Es steht ja alles mit allem in Verbindung. Und wenn es das nicht darf und kann, weil es eine Insel ist, dann ist es gesünder, denke ich, aus der Insel das Beste zu machen. Insofern würde ich vorziehen, keine Bilder mitzunehmen. Bei Musik wäre das anders, aber visuell bestimmte Kunst ist so ungeheuer abhängig von Wechselwirkungen... Ich würde also lieber keine Bilder mitnehmen. Zum Beispiel würde ich ja auch gerne am Ende nichts, also auch keine Bilder mehr haben wollen. Vielleicht verarme ich ja, so daß mir das gelingt, aber ich meine ja den freiwilligen Verzicht. Ich denke, daß man am Ende seines Lebens ohne das alles auskommen können sollte. Daß man das instrumental durchaus geliebt und geschätzt hat, aber eigentlich sollte einem die Kunst dazu verhelfen, daß man auch auf sie selbst verzichten kann. Man verzichtet dadurch ja nicht auf ihre kreative Potenz. Was ich sage, ist natürlich absolut theoretisch und auch sicher nicht darstellbar, aber im Grunde muß sich alles auflösen, auch unsere Kultur muß sich auflösen im Sinne von erlösen. Das ist keine besonders originelle, utopische Geschichte... man muß die Dinge pflegen und hüten, aber man muß sich nicht an sie binden.

Als Mensch, der zeitlebens mit Kunst umgegangen ist, der Kunst liebt, könnten Sie sich also vorstellen, durch das Sammeln von Kunst an einen Punkt zu gelangen, an dem das Ergebnis des Sammelns, also das Besitzen dieser Gegenstände sekundär wird?

Das Sammeln, für andere vielleicht das Jagen oder Pflanzen, sollte im Idealfall auch der Weg sein, sich von dieser Obsession zu lösen. Ich sehe Sammeln durchaus als etwas Obsessives an, aber ich halte es, wenn man es richtig versteht, auch für eine Möglichkeit, dem pathologischen Zwang zu entgehen, indem man es tut. Da gibt es sicher im therapeutischen Bereich Beispiele, wie z.B. die Eigenblutbehandlung... Wenn aber am Ende des Sammelns steht, daß man mit verzerrtem, habgierigem Gesicht dasteht und sagen muß, daß man unter den Dingen leidet, die man nicht haben konnte, dann wäre das ein sehr trauriges Ergebnis. Sammeln sollte schon frei machen. Wenn man das seelisch nicht schafft, kann man das auch verschenken. Man muß eben nur den richtigen Partner finden, der es haben will. Man muß das alles weitergeben, man muß guten Gewissens und guten Herzens loslassen. Das Sammeln als solches hört damit ja nicht auf. Denn mit den Stücken, die man abgegeben hat, fängt ein anderer wieder etwas Neues an. Die richtig guten Bilder landen sowieso im Museum, man muß sich also nicht verrückt machen. Und vielleicht sammeln die Museen eines Tages auch gar nicht mehr oder lösen sich selber auf. Wer weiß denn schon, was einmal aus uns wird? Aber irgendwo findet vorerst alles seinen Weg, und es ist auch kein Schreckgespenst, daß da irgendwo Sotheby's und Christie's stehen. Auch das ist eine gute Möglichkeit, Bilder an den Platz zu bringen, wo sie hingehören.

Herr Maenz, herzlichen Dank.

Walther König

—

Buchhandlung als Informationsquelle

Während der Vorarbeiten zu dem vorliegenden Buch wurde mir klar, daß ein Buch über die Leidenschaft und das Sammeln von Kunst ohne Einbeziehen von Walther König wenig sinnvoll wäre. In dem nachfolgenden Gespräch wird etwas deutlich von der Bedeutung des Buches, des Kunstbuches und speziell des Künstlerbuches. Außerdem kommt die Sprache auf die Rolle einer Spezialbuchhandlung als Informationsbörse und Treffpunkt für Besucher aus aller Welt, die das leidenschaftliche Interesse an der Kunst hier zusammenführt.

—

Herr König, ist Ihnen Ihre Funktion als Quellenverzeichnis, wie Reiner Speck es nannte, bewußt?

Das ist eigentlich das schönste Kompliment, das man mir machen kann; dem Bedürfnis der Kunden nach Information nachzukommen und mehr noch durch das Angebot anzuregen, aufmerksam zu machen, Neues zu sehen. Reiner Speck, den ich übrigens schon aus meiner Zeit in der Bücherstube am Dom kenne, also bereits länger als dreißig Jahre, steht auch stellvertretend für eine Gruppe von Kunden, der Gruppe von ›idealen Kunden‹ sozusagen, die unsere Buchhandlung auf vielfältige Weise nutzen. Andere Besucher kommen ohne konkrete Wünsche, aus Neugier, andere wiederum nutzen die Buchhandlung als Treffpunkt; auch über diese freuen wir uns. Sie alle fordern uns heraus. Ich bin überzeugt, daß wir insofern schon eine wichtige Funktion erfüllen.

Man könnte Ihre Buchhandlung als einen Ort der Sammlung und Konzentration bezeichnen.

Natürlich ist für viele die Buchhandlung auch ein solcher Ort. Häufig sitzen Kunden länger als eine Stunde versunken in ein hochspezielles Buch oder vergleichen verschiedene Titel zu einem bestimmten Thema. Aber das spielt sich alles öffentlich ab, und das ist das eigentlich Interessante. Wir sind eben keine Bibliothek, in der nur geflüstert wird, obwohl wir hier die oft ähnlichen Bedürfnisse unserer Kunden erfüllen, bis hin zum Fotokopieren; aber alles spielt sich eben unter den Augen aller ab. Hier hört jeder mit, und oft merkt man, wie Kunden nur noch zur Tarnung ein Buch in der Hand halten und aufmerksam einem Gespräch zwischen anderen Besuchern oder Besuchern und Buchhändlern folgen, um sich dann oft auch einzuklinken. Aufmerksam wird verfolgt, welcher Künstler oder Sammler sich für welche Bücher interessiert und wie er sie kommentiert. Unsere Stammkunden wissen, daß sie die Tarnung fallen lassen können. Sie besuchen unsere Buchhandlung, um Gleichgesinnte zu treffen, um sich mit diesen zu unterhalten und auszutauschen. Manchmal denke ich, daß wir auch ein wenig die Funktion erfüllen, die zwischen den Kriegen die Cafés hatten, in denen man sich traf. Wir sind so etwas wie ein neutraler Ort, anders eben als manche Galerie.

Lange Zeit habe ich relativ ernsthaft daran gedacht, mir einen Stammplatz bei Ihnen zu suchen und dort zu regelmäßigen Stunden präsent zu sein, um an diesem Informationspool teilnehmen zu können, die eigenen Aktivitäten lassen aber leider nur sporadische, dafür umso genußvollere Besuche zu.

Sie sprechen da ein Phänomen an: Es gibt wirklich richtige zu lokalisierende Plätze bei uns. So treffen sich samstags auf der Empore die Architekten; in der ersten Etage, meist am späten Nachmittag die an Kunstgeschichte Interessierten und im Erdgeschoß die an moderner und zeitgenössischer Kunst Interessierten. Hier ist der Gedankenaustausch, der Klatsch und das Gerücht, hier ist manchmal auch so etwas wie eine Börse; nicht nur für Kölner, sondern wirklich international, gerade auch für Fremde, die in der Stadt sind. Hier kommt man schnell mal vorbei, um zu hören, was los ist, und – da bin ich sehr selbstbewußt – um zu sehen, was es an internationalen Neuerscheinungen gibt. Das unterscheidet uns dann natürlich auch wieder grundlegend von den Cafés; fast allen Besuchern gemeinsam ist das Interesse an Büchern, Katalogen und Zeitschriften. Das Entscheidende, was uns so sehr gegenüber vielen Buchhändlerkollegen privilegiert, ist, daß unsere Kunden an Büchern nicht nur interessiert sind, sondern daß ihnen Bücher eminent wichtig sind. So ist zwischen uns als Buchhändlern und den Kunden sofort eine Verbindung.

Dieses gesteigerte, manchmal besessene Interesse kann ich gut nachempfinden. Ich weiß noch, wie ich damals, das ist auch schon gut 20 Jahre her, zu Ihnen kam, weil ich unbedingt in dieser Atmosphäre arbeiten wollte.

An unser Kennenlernen kann ich mich noch gut erinnern. Und Sie können sich sicher gut vorstellen, wie stolz ich darauf bin, jetzt Ihr Beuys-Vitrinen-Buch verlegt zu haben, und zwar nicht etwa aus Freundschaft, sondern weil es ein gutes, direktes Buch ist, weil es ohne Spekulation aufzeigt, was man sehen kann, so daß es ausgesprochen angenehm aus der großen Fülle der Beuys-Literatur herausragt.

Was Sie vielleicht gar nicht wissen, für mich war es ungeheuer wichtig, mein erstes fremdverlegtes Buch in Ihrem Verlag, also dem Verlag der Buchhandlung zu veröffentlichen; nicht nur wegen der Parallele zu Joyce's Ulysses...

Danke. Was dieses frühe Jobben bei mir angeht, so sind Sie da kein Einzelfall. Auch heute noch kommen 16jährige zu uns, meistens kenne ich sie schon als Besucher, die nach einem Job fragen. Passionierte, von der Sache begeisterte junge Leute, die es reizt, was wir hier so machen. Ich könnte Ihnen eine ganze Reihe von Namen nennen. An einen kann ich mich noch gut erinnern. Man konnte ihm die tollsten, außergewöhnlichsten und ausgefallensten Bücher vor die Nase legen – sie interessierten ihn nicht. Aber für eine kleine Film-Broschüre setzte er alles in Gang. Heute ist er Herausgeber einer interessanten Filmzeitschrift. Und Ihr *Salon*-Magazin kommt ja auch nicht aus der Luft!

Nein im Gegenteil, eigentlich ist Salon *das Resultat meiner Arbeit bei Ihnen gewesen, die Umsetzung des Informationsangebots Ihrer Buchhandlung in ein Magazin als Sammlung authentischer Künstlerbeiträge der damaligen Avantgarde.*

...Andere wiederum, die als Studenten hier gejobt haben, sind heute tragende Stützen des Geschäfts, wie Christian Posthofen, mein wichtigster Kollege hier im Laden oder wie Andreas Wiegand, mein Freund und Geschäftsführer der Buchhandlung in Düsseldorf, der schon auf unserem Stand auf der Documenta 5 in Kassel gearbeitet hat.

Können Sie sich vorstellen, daß Sie durch Ihr Angebot und Ihr Informiertsein bei manchem Sammler erst die Leidenschaft geweckt haben?

Bei einigen Leuten haben wir sicherlich indirekt dazu beigetragen, die Sammelleidenschaft zu entdecken und weiterzuentwickeln. Das hat dann wohl auch etwas damit zu tun gehabt, daß man Informationen braucht, bevor man sich dazu entschließt, eine Sammlung aufzubauen. Was man nicht kennt, kann man nicht sammeln.

Sie sammeln Bücher. Welche sind das?

Begonnen habe ich meine Sammlung schon während meiner Lehre, also Anfang der sechziger Jahre. Dieter Roth kam in den Laden und brachte seine ersten Bücher in Kommission. Da war ich immer sicher, in Wolfgang Hahn einen festen Kunden zu haben. Damals habe ich auch meine ersten Künstlerbücher gekauft, aus Dick Higgins Verlag *something else press*. Und dann hörte ich von den Büchern von Ed Ruscha. Lawrence Weiners *Statements* erschien, glaube ich, 1968 – das faszinierte mich damals und tut es heute noch. Die Artist's Books, also Bücher als autonome Kunstwerke, sind ein Schwerpunkt meiner Sammlung, hier sammle ich wirklich auf Vollständigkeit, z.B. auch Bücher von Sol LeWitt, Long, Buren, Gilbert & George, Barry, aber auch Broodthaers, Herman de Vries, Warhol, Baldessari, Darboven, Polke, aber natürlich auch Beuys, Tuttle usw. Dann, als ich es mir leichter erlauben konnte, hat mich alles Gedruckte von und über Marcel Duchamp interessiert. Hier habe ich mittlerweile eine ganz ansehnliche Sammlung, aber ich besitze auch einige Beispiele von Malerbüchern, insbesondere von Dubuffet, Fautrier und Jorn. Hier sammle ich eher unsystematisch, ausschließlich nach persönlichem Interesse – mal ein ungewöhnliches Buch von Miro oder auch Picasso, aber auch bestimmte Bücher von Penck, Baselitz, Kirkeby und nicht zu vergessen H. P. Feldmann. Nach längerer Pause kamen dann Bücher von Kippenberger, Büttner, Richard Prince und Mike Kelley, die mich so faszinieren, daß ich sie, wie die Bücher der Konzeptkünstler, auf Vollständigkeit sammle – genauso wie Dieter Roth, der für mich zu den ganz großen Buchkünstlern gehört und der seit einigen Jahren Kopie-Bücher in kleiner Auflage macht, die wirklich großartig sind.

Ich möchte dieses Gespräch mit einer Feststellung beenden: In dem Moment, wo man mit einer Tüte voller Bücher, die man sich aus Ihren Regalen oder von dem großen Tisch als dem Herzstück Ihrer Buchhandlung zusammengesucht hat, Ihre Buchhandlung verläßt, hat das Sammeln schon begonnen. In diesem Sinne sage ich Danke für das Gespräch.

WALTHER KÖNIG

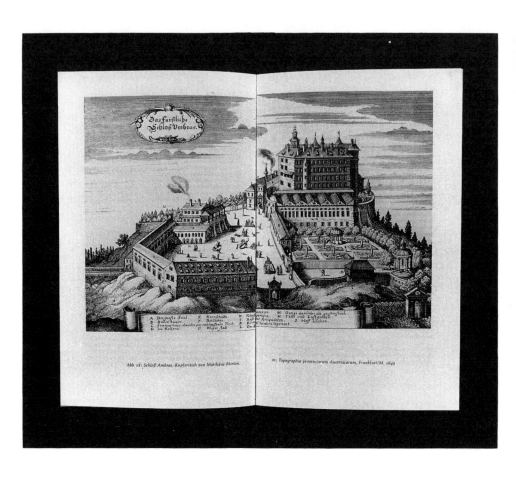

Abb. 18: Schloß Ambras, Kupferstich von Matthäus Merian.

in: Topographia provinciarum Austriacarum, Frankfurt/M. 1649

Harald Szeemann

—

Museum der Obsessionen

Das Gespräch mit Harald Szeemann wurde zu einem Erlebnis der besonderen Art, weil in diesem Gespräch etwas von der Obsession spürbar wurde, die verantwortlich dafür ist, das Szeemanns Ausstellungen eben einen anderen Geist atmen als die Ausstellungen der meisten seiner Kollegen. Von dieser Obsession handelt das folgende Gespräch mehr als vom Sammeln, obwohl auch dieser Aspekt nicht unberührt bleibt.

—

In dem Fernsehfilm über Sie als Ausstellungsmacher wurden Sie gefragt, ob Sie sich nicht doch eher als Künstler fühlen. Im Hinblick auf den Gegenstand unseres Gespräches möchte ich mit zwei Zitaten beginnen; Marcel Duchamp hat einmal gesagt: »Der Sammler ist meiner Meinung nach ein Künstler – im Quadrat. Er wählt Bilder aus und hängt sie an seine Wände; mit anderen Worten, er malt sich selbst eine Sammlung«. Dem sei die Aussage Dieter Koepplins anläßlich der Einführung für meinen Vortrag im Kunstmuseum Basel angefügt: »Gerhard Theewen ist ein Künstler ohne Werk.« Diese beiden Aussagen möchte ich auf Ihre Person bezogen so abwandeln: »Harald Szeemann ist ein Sammler ohne Sammlung und als solcher ein Künstler im Quadrat«.

Sehen Sie, Künstler, das ist wieder dieses normale Rollenverständnis. Sicher bin ich vom Beuysschen Kreativitätsgedanken her auch ein Künstler. Künstler wird aber auch von meinen Kollegen immer noch als Berufsgattung verwendet. Manchmal bin ich wohl Künstler, wenn ich nämlich die Thematik selber finde und wenn ich der Vorstellung eines ›Museum der Obsessionen‹ bereits in der Produktionsweise möglichst nahe komme. Auf der anderen Seite bin ich aber auch ein Diener der Künstler, wenn ich versuche, ihr Werk so gut wie möglich auszustellen, und zwar so gut, daß sie Mühe haben, es später noch einmal so gut ausgestellt zu sehen. Von daher gesehen tut es mir weh, wenn ich erleben muß, daß diese Werke in eine Besitzsphäre kommen und dann nicht mehr diesen Atemraum erhalten, den ich mal für notwendig empfunden habe. Auf die ›innere Notwendigkeit‹ kommt es an, und die ist über die Quadratur erhaben.

Sie haben eben bereits Ihr ›Museum der Obsessionen‹ genannt. Heißt das nicht,
daß Sie und Ihre Ausstellungen wie ein Museum funktionieren, ein Museum mit
einer aktuellen, sich verändernden Schausammlung und einem immensen, auch
geistigen Depot, das die Werke vorangegangener Ausstellungen wenigstens in
der Dokumentation beherbergt?

Ich möchte das so definieren: Im Rahmen des ›Museum der Obsessionen‹, eines
Museums, das nie Wirklichkeit werden kann, kann alles, was ich tue, nur eine Annäherung an etwas sein, was nie sein wird. Eigentlich fühle ich mich so wie Ludwig II. Der
hatte aber das Geld, seine Schlösser zu bauen, während ich mir meine Schlösser eben
nur temporär für drei Monate mit dem bauen kann, was mich gerade beschäftigt. Danach wird es wieder abgebrochen und existiert dann wirklich nur noch in der Erinnerung derer, die es gesehen haben. Die Dokumente sind nur Erinnerungsstützen – das
Poem im Raum ist nur noch Seelenfutter.

Der Titel des erwähnten Films lautete ja Verzauberung auf Zeit. *Er sprach sehr*
stark diesen temporären Aspekt an, auf den Sie gerade eingingen. Ist es Ihnen
wichtig, immer wieder von neuem beginnen zu können, immer wieder von neu-
em verzaubern zu können, auch selbst sich verzaubern lassen zu können?

Ja, es ist schon wichtig, daß einen das, was man tut, fasziniert. Sehen Sie, im Gegensatz
zu sehr vielem, was in der Gesellschaft sonst passiert, ist das, was ich mache, ja nicht
statistisch erfaßbar und in seiner Wirkung nicht kontrollierbar. Allerdings unterschei-
de ich zwei Klassen in der Klassenlosigkeit: die Klasse derer, die meine temporären
Verkörperungen gesehen und die Klasse derer, die sie nicht gesehen haben. Aber nicht
alle der ersten Gruppe lassen sich verzaubern.

Ihr ›Museum der Obsessionen‹ können Sie aber doch in seinen jeweiligen Mani-
festationen kontrollieren. Wie unterscheidet sich dieses Museum denn von
öffentlichen Instituten?

Es geht im Grunde genommen um die Art, wie man etwas zeigt und was man zeigt und
ob das ›wie‹ eine Kontinuität hat. Es hat auch damit zu tun, daß so etwas wie ein
Bewußtseinswandel stattfindet, besonders im Hinblick auf den Besitz. Die Kunst muß
ja diese Besitzvorstellungen ändern, diese feste Form ›Besitz‹ als Vorstellung in den
Köpfen der Menschen, das ist ja nicht nur im Hinblick auf Sammeln von Kunst bedeutsam. Von daher gesehen habe ich eigentlich solche Ansichten schon in den sechziger
Jahren vertreten, als ich noch Direktor der Kunsthalle Bern war in einer Gesellschaft,
die ich relativ gut kannte, weil ich dort aufgewachsen bin. Dieses öffentliche Institut
wollte ich so an seine Grenze bringen, nach der Devise »Besitz durch freie Aktionen
ersetzen«, daß man endlich akzeptieren muß, daß da etwas anderes passieren kann als

HARALD SZEEMANN

eben das Vorführen von Erbauungsmaterial. Hier in Zürich, wo ich nicht fest angestellt bin, ist das natürlich anders. Hier gebe ich als Privilegierter Gastspiele. Ich bin
PFM = Permanenter freier Mitarbeiter, wohne nicht am Ort, bin also nicht verwurzelt.
Eigentlich kann ich das nur zu Hause im Tessin realisieren, und da habe ich ja auch
›Museen‹ gemacht und so der Gegend bewußt gemacht, daß da eine einmalige alterna-
tive und parallele Gesellschaft gelebt hat. Eigentlich haben alle diese dritten Wege
unseres Jahrhunderts dort auf dem Monte Veritá ihre Wiege und ihre wichtigsten
Vertreter: Anarchie, Theosophie, Lebensreform, künstlerische Avantgarde zu Beginn
unseres Jahrhunderts als erste Revolution in der Kunst, dann Körperbefreiung und
neuer Tanz, … Es ist eine Geschichte, die nie unterrichtet wurde, weil sie immer ›daneben‹ war. Daher kommt es auch, daß ich die Dinge oft von den Rändern her zu einem
Zentrum führe. Es ist dieses atmosphärische Arbeiten, wie ich es nenne oder, wenn Sie
so wollen, das ›wilde Denken‹…

*Es kommt aber doch immer wieder zu einer Konzentration, zu einer ›Samm-
lung‹ auch in geistiger Hinsicht. Es wird Ihnen schon fast vorgeworfen, daß Sie
im Prinzip in Ihren Ausstellungsprojekten einen überschaubaren Freundeskreis
in immer neuen Konstellationen mit wechselnden Werken und Installationen
zeigen. Sind Sie dadurch nicht doch dem Sammler und dem Museumssammler
ähnlich, der seine Sammlung von Zeit zu Zeit umhängt und umorganisiert?*

Was heißt schon Freundeskreis… Es ist doch erstens wichtig, daß ich an Orte gerufen
werde, wie z.B. Berlin, um dort erstmals einen alten Bahnhof mit Kunst zu bespielen,

oder eine Messehalle in Wien, die vorher kaiserliche Stallung war oder ein anderer Bahnhof, wie die Deichtorhallen in Hamburg, der dann zur Markthalle wurde, oder das Gewürzlager in Bordeaux, oder die Salpêtrière-Kirche in Paris… Ich muß dann ja von der Frage ausgehen, was die Menschen dort bisher gesehen haben. Wenn sie nun diesen ›Freundeskreis‹ noch nicht gesehen haben, dann kann ich mit dem ja einmal beginnen, oder? Und dann nehme ich welche dazu, die dann davon profitieren, daß sie mit den schon Anerkannten zusammen sind. Jetzt z.B. in Bordeaux, wo dieser ›Freundeskreis‹ im Laufe zwanzigjähriger Aktivität in Einzelpräsentationen schon gezeigt wurde, habe ich erstmalig für diese Räume eine Gruppe eingeladen, Künstler, die mit Ausnahme von Wolfgang Laib da noch nicht ausgestellt haben, die auch für mich teilweise neu waren, mit denen ich bisher noch nicht gearbeitet habe. Bei der Auswahl lasse ich mich stets von den Räumen inspirieren, nicht vom ›Freundeskreis‹. Ich will ja schließlich ein intensives Gastspiel geben, eine temporäre Wurzel schlagen, die hoffentlich nachwirkt als Erinnerung an ein Ereignis. Deshalb sind auch die Titel wichtig: *Zeitlos, Einleuchten, Lightseed* usw. In Bordeaux habe ich erstmals die persische Künstlerin Chohreh Feyzdjou ausgestellt. Jetzt wird sie überall eingeladen. Aber sie war eben für mich eine Entdeckung und sie für sich selbst in solchen Räumen wohl auch, und natürlich dann auch für die Menschen dort. Übrigens lautete der Titel dieser Ausstellung *G. A. S. (Grandiose-Ambitieux-Silencieux)*.

Womit belegt wäre, daß es eben doch nicht immer dieselben Namen sind…

Eben. Ich gehe doch von der Intensität und ihrer Erfüllung in Erlebnisräumen aus und nicht von kunsthistorischen Kategorien. Ob ich diese Intensität dann bei einem zwanzig- oder sechzigjährigen Künstler finde, ist mir egal. Die Revolutionäre von 1968 mit ihren Schöpfungen – ›Bodenskulpturen‹ oder ›Der leere Raum ist das Werk‹ oder ›Die unsichtbare Säule‹ – sind ausschlaggebend für die Wiederentdeckung all dieser historischen Räume. Sie hatten keine Angst vor der Konfrontation mit der Vergangenheit und der Großartigkeit dieser Architektur. Was wird denn heute noch an großartigen Kunstmuseen gebaut? Was man da spürt, ist arm gegenüber der Aufbruchstimmung, die so einen alten Bahnhof durchpulst bis in die Proportion und in die Funktion hinein. Nochmals: Nur die Künstler der späten sechziger Jahre waren bereit, sich dieser Herausforderung und dem Abenteuer der stets anderen Räume zu stellen. Eben abstellen und nicht ausstellen. Die jüngeren Künstler ziehen es oft vor, wieder in den weißen Kubus zurückzukehren. Solche Architekturen sind auch wenig geeignet für Zweidimensionales, Gerahmtes, es sei denn wie in Hamburg, wo die Größe der Hallen nach einer Innenarchitektur rief, die alle Medien zuließ. Das sind die Parameter, die für mich wie Richtkräfte werden. Und natürlich, daß es für die Künstler großartig wird, auch für sie ein Überraschungsmoment. Darum muß ich schon abwägen, mit wem ich das mache. Aber auch weg von Kirchen, in die man Stellwände hineinstellt und den Raum verhunzt.

Auch bei monographischen Ausstellungen, wie gerade Joseph Beuys *im Kunst-haus Zürich, sind Sie ja in der idealen Situation, auf eine Vielzahl hochkarätiger Werke zurückgreifen zu können und damit wie mit einer idealen Sammlung arbeiten zu können, weil Sie das geliehen bekommen, was andere nicht um alles Geld der Welt kaufen könnten...*

Ich habe allerdings auch lange gewartet, bis ich diese Werkkonstellation als Voraus-setzung für meine Vision von Beuys über den plastischen Impuls realisieren konnte. Andererseits bin ich traurig, daß mit Beuys hier in Zürich ein Zyklus geschlossen wird. 1969 hatte ich ja das Glück, mit *When Attitudes Become Form* diesen neuen Geist mit dem Medium der Ausstellung visualisieren zu können, mit einer Miriade von guten Künstlern. Es gibt heute einige jüngere Künstler, die wieder dieselbe Härte aufweisen wie die 1968er. Allerdings ist es keine Revolution mehr wie damals, der zweiten Revolution in der bildenden Kunst unseres Jahrhunderts.

Ist in Ihrer Branche Ihre Art auszustellen nicht revolutionär gewesen?

Sicher habe ich das Medium gedehnt. Ich bin ja überzeugt, daß alles mit allem zusam-menhängt. Als Person bin ich, so wie ich an die Dinge herangehe, wie eine Klammer zwischen dem Möglichen und dem Unmöglichen, dem Sichtbaren und dem Unsicht-baren... Von daher gesehen gibt es schon so etwas wie eine Handschrift. Ich hoffe, man spürt, daß mit Liebe oder Leidenschaft darangegangen wurde. *Junggesellenma-schinen, Visionäre Schweiz* oder *Der Hang zum Gesamtkunstwerk*, das ist schon Aus-druck der Obsession Dinge zu zeigen, die es eigentlich gar nicht gibt. Wenn man das verankern kann in etwas, was schon gewesen ist, was man aber so noch nicht gesehen hat, dann ist das wie das Anstechen einer Goldader, einer Evolutionsgoldader. Das tue ich natürlich sehr gerne, weil es den Blick weitet auf etwas, von dem man geglaubt hat, man hat es schon intus.

Besteht deshalb vielleicht auch ein Bedarf, Themen, die schon realisiert und scheinbar abgehakt sind, noch einmal und dann eben von Harald Szeemann ge-macht zu bekommen?

Ja, gerade habe ich so einen Brief bekommen, ich hätte mich ja noch nie mit Neger-skulptur beschäftigt... Aber mein Vorvorgänger in Bern, Arnold Rütlinger, hat schon eine der schönsten Negerskulptur-Ausstellungen überhaupt gemacht. Die Qualität hat außerdem schon Picasso entdeckt, und mich hat eben mehr die neue Art Brut faszi-niert, also die Bildnerei der Geisteskranken und Autodidakten. Das war noch zu ent-decken und erstmals auszustellen, vor inzwischen auch wieder mehr als dreißig Jahren. Dann muß man ja auch noch die Konsequenzen auf sich nehmen wenn einige sagen, daß das nichts mehr mit Kunst zu tun hat. Dann muß man eben sagen, Schizophrenie hin oder her, Symbolschöpfung findet hier eben nicht mehr statt, sie wird direkt gelebt. Da geht es um einen Freiheitsgrad in der primären Obsession, den die ›bewußte‹ Kunst der reflektierten Obsession nicht hat… Na gut, wenn mich etwas brennend interessiert, sehe ich schon zu, daß ich es dann selbst machen kann. Zum Beispiel war *Junggesellen-maschinen* zuerst angekündigt als eine Maschinenausstellung. Und dann traf ich im Chelsea-Hotel Pontus Hulten im Lift, und er sagte, daß er *Machine Age* für das Museum of Modern Art vorbereitet. Ein Schock. Seitdem kündige ich nie wieder etwas an, es sei denn, ich habe es fest in der Hand. Bei der *Science Fiction*-Ausstellung war es ähnlich. Ich mußte sie sehr schnell realisieren, noch vor der Mondlandung, denn dann wäre das ja als Material weggefallen. So kam es dann zu *Junggesellenmaschinen*, zur Maschine als Wunschmaschine, die den Tod überwinden soll, ein Energie-Perpetuum mobile, Erotik anstatt Fortpflanzung, der Junggeselle als Rebell… die kam dann aber etwas zu früh. Ab und zu wird der Wunsch an mich herangetragen, ich solle das doch wieder einmal machen. Aber ich kann die *Junggesellenmaschinen* nicht wiederholen, das ist unmöglich. Auch den ›Monte Veritá‹ kann ich in dieser Form nicht noch einmal machen, weil der primäre Entdecker-Elan weg ist. Damals war es ja ein Abenteuer, heute wäre es eine Reprise. Es könnte vielleicht eine Ausstellung anläßlich meiner hundertsten Ausstellung mit allen durch mich angeregten Modellen geben. Also all der Versuche, wenigstens über das Modell zerstörte Dinge wieder erfahrbar zu machen und so diese komische Kunst-Authentizitätsgrenze zu durchbrechen. Ich ließ den Merz-Raum von Schwitters rekonstruieren, damit auch die, die nicht bei ihm zum Tee eingeladen waren, in den Genuß kommen können, diesen ›legendären‹ Raum, ›Die Kathedrale des erotischen Elends‹, zu erfahren. Auch die Idee von Gaudi, durch hängende Gewichte Architekturformen zu schöpfen, optisch und räumlich erfahrbar zu machen, gehört dazu, und ebenso das ›Labyrinth‹ im Felsen von Positano.

Ihre Obsessionen finden nicht nur in den großen Projekten, sondern auch in der kleinen Form ihren Ausdruck. Sie präsentieren für eine überschaubare Zeit wie in einem Museum, wovon sie fasziniert sind; Inhalt, Präsenz, Tiefe, Schönheit.

Genau so habe ich die Ausstellung über meinen Großvater verstanden und versucht, diesen Haarpionier da einzubinden, wo er herkommt, – K.u.K. Österreich-Ungarn –, und dann seinen Weg via Wien, Nizza, Paris, London aufgezeigt, die Erfinderwelle, die damals an der Bond-Street in London herrschte, als es um die Herstellung des Dauerwellapparats ging. *Großvater, ein Pionier wie wir* hieß diese Ausstellung. Gerade haben die Ungarn angefragt, ob ich nicht in seinem Heimatdorf südlich von Budapest doch noch einmal meinen Großvater ausstellen wollte. In einem solchen Fall muß ich es mir natürlich noch einmal überlegen. Diese Ausstellung war für mich die Reaktion auf *Documenta 5* gewesen, als ich nach diesem Riesenereignis etwas ganz Intimes machen wollte, in meiner Wohnung. Als die Ausstellung fertig installiert war, zog Toni Gerber mit seiner Galerie dort ein. So wurde also die visualisierte Beschäftigung mit meinem Großvater die erste Ausstellung von Toni Gerber. Nach dieser Institutionalisierung des Privaten zog ich dann um. Der Sprung vom Intimsten zum Monumentalsten und retour ist leckerbissig. An der Großvater-Ausstellung habe ich gelernt, daß man Dinge wie Brennscheren, Haarwickler, Rasiermesser nicht zu ästhetischen Objekten hochstilisieren und auch nicht zum vertrauten Objekt machen darf, sondern daß man seine richtige Hinweisposition finden muß. Das kommt mir bei thematischen Ausstellungen heute noch zugute, wie man die Dinge in Vitrinen legt, nicht als Kunst, nicht als Reliquie, sondern als Hinweis, der gerichtet und doch nach allen Seiten offen ist.

Ist der Wunsch nach der optimalen, beglückenden Sammlung, und sei sie nur auf Zeit realisierbar, für Sie Ansporn, sich wieder neuen Projekten zu stellen?

Keine Sammlung, sondern Nahrung für die Phantasie. Die tut niemandem weh, kostet aber sehr viel, auch mich selbst. Ich selbst bin kein Kunstsammler im herkömmlichen Sinn, vielleicht eher ein Übersammler. Ein Anarchistenfähnchen, das wir an einem Seeufer gebastelt haben, ist für mich ebenso wertvoll wie die Patentankündigung des *Ondulateurs perfect* meines Großvaters. Daneben steht dann eine Arbeit von Dieter Roth oder ein Spoerri oder Arman usw. Bei mir zu Hause ist alles sehr chaotisch und ungeordnet. Für die großen Räume und das Öffentliche bekommt es dann eine Richtung und die Formulierung, die ich über das Einbeziehen neuer Dimensionen in letzter Minute stets gerne auf die Probe stelle. Ich bin immer wieder glücklich, wenn ich nach Großauftritten in mein Chaos zurückkehre, das ist ja mein Nährboden. Ich bin wie gesagt kein normaler Kunstsammler, insofern habe ich oft ein schlechtes Gewissen gegenüber all diesen Dingen, die mehr um mich sind, als daß sie mir gehören. Ich habe auch keinen Restaurator, der mich darauf aufmerksam macht, daß ich doch noch einen Befeuchtungsapparat für meine Fabrik kaufen sollte.

Ihre Kartei, sozusagen das Herzstück Ihrer Agentur für geistige Gastarbeit, haben Sie in leeren Weinkisten angelegt...

Genau. Um Ordnung zu machen, muß ich ziemlich viel trinken. Je mehr ich trinke, desto mehr Ordnung kann ich machen. Das ist die Situation, wenn man beginnt, eine historische Figur zu werden. Letzte Woche war z.B. ein junger Mitarbeiter von Witte de With bei mir und hat über Paul Thek recherchiert. Am nächsten Tag war es eine Dame, die über die Reventlov arbeitet. Dann sind bereits die ersten Dissertationen über mein Ausstellungsmachen geschrieben worden. Ich muß einfach mein Leben von den Aktivitäten her ordnen, damit die Besucher das selbst nachsehen können. Ich habe zum Dabeistehen die Zeit nicht mehr. Dieses Ordnen nimmt mir sehr viel Zeit weg, aber eben wesentlich weniger, als wenn ich bei jeder Anfrage wieder bei Null anfangen und alles zusammensuchen müßte. Man ist natürlich stets im Rückstand und das labile Gleichgewicht zwischen neuen Aktivitäten und Aufarbeiten ist ein gestörtes...

Auch das Sammeln von Daten und Informationen ist ja eine prozeßhafte Tätigkeit, während die Kunstsammlung im herkömmlichen Sinne mehr dem traditionellen Kunstbegriff verhaftet ist. Wäre dann Ihr Vorgang des Zusammentragens und Auswählens mehr beim erweiterten Kunstbegriff *anzusiedeln?*

Eher im Grenzenlosen. Aber es gibt noch andere Überlegungen, z.B. die Geldfrage. Die westlichen Wirtschaftswerte, wie Beuys die musealen Kunstwerke genannt hat, haben halt ihren Markt. Vom Preis her ist oft ein Prestige an das Kunstsammeln gekoppelt. Ich dagegen bin durch mein Metier daran gehindert, Kunst zu sammeln... ich fände es nämlich falsch, Kunst zu sammeln und dadurch eines Tages gezwungen zu sein, einen bestimmten Künstler wieder in einer Ausstellung unterzubringen, damit das, was ich von ihm besitze, eine Aufwertung erfährt... Das habe ich bei einigen Kollegen erlebt, und es ist nicht angenehm zu sehen. Was ich anlege, ist eigentlich doch mehr eine ständig wachsende, nur durch mich einigermaßen überblickbare Vernetzung. So sind die Dinge abrufbar, und ich weiß ungefähr, in welcher Ecke sie sind, wenn ich entweder von außen angeregt werde, mich wieder damit zu befassen, oder wenn ich selber wieder Lust bekomme, es unter einem neuen Aspekt zu sehen.

Ihr Refugium im Tessin erinnert ja sehr an eine zeitgenössische Kunst- und Wunderkammer...

Im Sommer habe ich auf der Heimreise von Salzburg wieder einmal Schloß Ambras besucht, die Wunderkammer von Erzherzog Ferdinand. Dort ist ja auch alles angehäuft. Das war ja damals die Innovation, sich diese ganzen Korallen und Einhörner zu verschaffen und nicht etwa kostbare Gemälde an den Wänden zu haben, sondern skurrile Bilder, z.B. das Bild von dem Mann, der, nachdem ihm beim Turnier eine Lanze im Auge steckengeblieben war, unter großen Schmerzen noch weitergelebt hat, wenigstens solange, bis das Bild fertiggemalt war. Oder Bilder von Hofzwergen und Verwachsenen, Freaks eben. Natürlich bekommt das im Laufe der Zeit eine Schönheit des Absurden, und vielleicht passiert das mit meiner *Agentur für geistige Gastarbeit* auch einmal, obwohl ich mir gar nicht vorstellen kann, wer das aufarbeiten und aufbewahren soll, aber man weiß ja nie. Diese Vernetzung ist eben nicht sehr leicht zu konservieren. Es ist, als würde man sich in ihr bleibend immer etwas entziehen, das gefällt mir. Andererseits muß ich mich ja auch viermal im Jahr auf einen Termin festlegen und dafür sorgen, daß der eingehalten wird, also Katalog, Einrichtung, Vermittlung etc. In der übrigen Zeit muß es dann schon wuchern dürfen, denke ich.

Wuchern als Nährboden für neue Projekte. Um den weiten Begriff des Sammelns noch einmal zu bemühen: Bei Ihnen ist es doch mehr das Ansammeln und Archivieren statt Sammeln, um zu zeigen, was man hat, was Sie in Ihren Ausstellungen tun, wo Sie Ihre Erfahrungen und Wünsche ausbreiten.

Es gibt auch Dinge, die ich mir kaufe, wenn ich das Geld dazu habe. Für die *Junggesellenmaschinen* habe ich selbst ein Exemplar von Duchamps *Grüner Schachtel*, eine *Boîte en valise* und die *Rotoreliefs* bei Madame Duchamp gekauft, weil ich wußte, das leiht mir niemand, aus Angst, es dann nach der achten Ausstellungsstation inkomplett zurückzubekommen. So konnte ich dann eben meine eigenen Exemplare ausstellen. Das gibt es immer wieder, daß ich selbst etwas kaufe, weil es unzumutbar ist, daß ein Privater so etwas Fragiles ausleiht. Aber sonst operiere ich überwiegend mit Leihgaben und habe dann vielleicht selbst nur eine kleine Sache in einem Vitrinchen, weil ich weiß, daß es das eben nicht noch einmal gibt. So habe ich auch mein eigenes Exemplar von Max Tauts *Alpine Architektur* auseinandergenommen, um alle Blätter zeigen zu können. Ich vergesse leider immer, es wieder zum Buchbinder zu bringen. Eins der schönsten Blätter daraus, eine Kristallkuppel im Tessin, habe ich auf den Monte Veritâ ge-hängt, weil es da eben auch hingehört.

Letzte Frage: Welche Kunstwerke würden Sie für die berühmte Insel, für Ihre persönliche Ausstellung mitnehmen?

Vielleicht würde ich gar nichts mitnehmen, um wieder bei Null anfangen zu können. Das ist wie bei einer Feuersbrunst, was nimmt man da mit? Objekte, ich wüßte es nicht... Aber sicher die Menschen, die man liebt...

Ich danke Ihnen für das Gespräch.

Daniel Buchholz

—

Künstler als Kunstsammler

Daniel Buchholz hat seit mehreren Jahren eine Galerie für Kunst der 8oer/9oer Jahre mit Schwerpunkt Multiples und seit zwei Jahren einen Laden, der eine Mischung aus Ausstellungsraum und Antiquariat ist. Anfang des Jahres kommt neu das Buch-, Kunst- und Curiosa-Antiquariat seines verstorbenen Vaters dazu, in dem auch das folgende Gespräch stattfindet. Der Blick von der Straße durch das Glas des Schaufensters bricht sich in den Glasscheiben der Vitrinen und Bücherschränke im Inneren des Ladens; wir befinden uns in einer Art Kunst- und Wunderkammer inmitten von Vitrinen, die meist über zwei bis drei Etagen angefüllt sind mit Glanzpapierbildern, Votivtäfelchen, Paperweights, bemalten Porzellanpfeifenköpfen, Bakelitdosen, Lesezeichen, kolorierten Drucken...

—

Herr Buchholz, Sie haben einmal gesagt, daß in Ihre Galerie auch Künstler kommen und kaufen. Auch Künstler sammeln also Kunst. Kann man grundsätzliche Aussagen zum Sammelverhalten von Künstlern machen, ich meine jetzt zuerst einmal Künstler, die selbst Kunst von Kollegen sammeln?

Es kommt relativ häufig vor, daß Künstler bei mir Kunst kaufen. Es ist zwar nicht der überwältigend große Teil meiner Kundschaft, aber immerhin ein bemerkenswert großer Stamm. Dabei muß ich sagen, daß man sogar verschiedene Sammlertypen bei dieser speziellen Klientel unterscheiden kann: Die einen kaufen nur zu ihrem eigenen Vergnügen, manche sammeln aber auch, um aus dem Erworbenen wieder neue Ideen zu gewinnen und diese weiterzuverwerten in Form einer Ausstellung, einer neuen Publikation etc. oder einfach nur um es für sich zu speichern und es dann in irgendeiner Form wiederzugeben, also gar nicht offensichtlich auf diese erworbene Arbeit bezogen. Es gibt aber auch Künstler, die völlig losgelöst davon Kunst kaufen, einfach um das für sich selbst zu haben oder um es zu verschenken...

Durch das Antiquariat sind Sie ja auch Informationsspeicher auf den vielfältigsten Gebieten geworden. Soll das auch von Künstlern genutzt werden?

In jedem Fall. Hier in der Neven-DuMont-Straße wird sich alles konzentrieren. Vorn und im Keller bleibt das Antiquariat bestehen, und hinten wird es dann den Multiple-Laden und dann wieder einen Galerieraum für wechselnde Ausstellungen geben. Die Galerie hat dann zwar einen separaten Eingang, die Idee ist aber, daß man auch durchaus durch das Antiquariat kommen und sowohl das eine wie das andere sehen kann. Mich interessiert dabei natürlich, daß ich diese beiden Gruppen – Galeriebesucher und Antiquariatskunden – so an den jeweils anderen Aspekt heranführen kann. Ob es dann zu Käufen kommt, ist zuerst einmal nebensächlich, wichtig ist, daß eine Offenheit, eine Neugier entsteht. Ziel ist, daß es sozusagen in einem Haus, unter einer Adresse zu diesem mehrschichtigen Angebot kommen kann.

Dabei werden sich die angesprochenen Bereiche ja sehr schön gegenseitig ergänzen und vielleicht sogar zu völlig neuartigen Konstellationen führen.

Das könnte eine spannende Sache werden, gerade auch im Hinblick auf das Sammeln. Man kann den Leuten zeigen, daß es dabei auch besinnlich zugehen kann und trotzdem modern. Alles soll zusammengeführt werden. Wenn ich dann höre, was meine jungen Kollegen gerade planen… Die verändern sich in Richtung Agentur oder Consulting und was weiß ich noch alles. Insofern ist dieses Konzept gerade richtig für die jetzige Zeit.

Sie haben im letzten Jahr ein Gesamtverzeichnis der Multiples publiziert. Auch das hat ja mit Sammeln zu tun. Wie kam es dazu?

Wir wollten erstmalig einmal das Multiple beleuchten; was ist es, wo kommt es her, wann entstand diese spezielle Art des Auflagenobjekts.

Wie definieren Sie das denn?

Natürlich gibt es da auch Grauzonen, weswegen wir als Definition das dreidimensionale Auflagenobjekt genommen haben, also keine Grafik, keine Bronzegüsse. Wir haben den Beginn bei Duchamp festgesetzt und eine große Ausstellung in Tokio gemacht, mit Katalog. Separat dazu ist ein Index entstanden, der nicht auf Vollständigkeit angelegt war, sondern einen Überblick verschaffen sollte über die Vielschichtigkeit des Themas. Wir haben alle Sparten berücksichtigt, also beginnend bei Duchamp, Kinetik, Minimal, Fluxus, Concept bis hin zu den neuesten Tendenzen. In den letzten Jahren wurde dieses Thema wieder sehr aktuell. Es geht da eben wieder um ganz sonderbare Ideen und Projekte, für die gerade das Multiple das richtige Vehikel ist. Man braucht keine Materialschlacht und keine Riesenbilder mehr, hier ist das Multiple geradezu ideal; um diese Ideen zu verbreiten und sammelbar zu machen. Das war der Grund sowohl für die Ausstellung als auch für den Index, in dem man nachschlagen und nachlesen kann, wer wann was gemacht hat.

DANIEL BUCHHOLZ

Läßt sich so ein Unterfangen denn überhaupt realisieren. Es gibt doch sicherlich zigtausend Multiples...

Erfaßt sind 3000 Multiples, aber man hätte es auch auf 30.000 erweitern können und wäre trotzdem nicht vollständig gewesen.

Deshalb haben Sie bei Beuys ja auch direkt auf den Schellmann *verwiesen...*

Genau, bei uns ist nur die *Intuitionskiste* erfaßt und der *Filzanzug.* Und von Arman hätte man natürlich auch noch die 102. eingegossene Geige nehmen können, da haben wir uns einfach auf die frühen wichtigen Sachen konzentriert, wie z.B. die MAT Editionen. Irgendwo sollte das Buch auch überschaubar bleiben, weil es sonst eben nicht mehr diese Idee vom Multiple hätte vermitteln können, dann wäre es ein unhandliches Tele-fonbuch geworden. Je mehr man hineinnimmt, desto größer die Wahrscheinlichkeit auszuufern und am Schluß doch noch etwas vergessen zu haben.

Das Multiple ist doch geradezu ideal für den ›kleinen‹ Sammler, der so, ohne dicke Brieftasche, die wichtigsten Tendenzen und Namen mit Multiples abdek-ken kann und so eine durchaus umfassende Sammlung zusammentragen kann.

Das ist ja das Sympathische am Multiple. Andererseits muß man sich aber vor einem Irrtum hüten. Natürlich kann man über das Multiple an jüngere Sammler kommen, die eben noch nicht über das große oder wenigstens regelmäßige Einkommen verfügen.

Aber man sollte nicht vergessen, daß das Multiple eine künstlerische Position vermitteln kann. Es geht hier wirklich um Kunst und nicht um eine minderwertige Variante. Das Multiple kann von der Aussage her durchaus Hauptwerk sein, siehe *Intuition* von Beuys, die es ja unlimitiert für ganz wenig Geld gegeben hat. Das kann trotzdem große Kunst sein. Die Aussage kann genauso wichtig sein wie eine riesige Installation. Und das ist entscheidend bei der Diskussion um das Multiple. Vom Kunstgehalt her kann man eine genauso interessante Sammlung mit Multiples zusammenstellen wie andere mit Großformaten. Es kommt eben nur auf die jeweilige Qualität an.

Also lieber für 100.000 DM gute Multiples als für das Vielfache davon schlechte große Bilder? Das Multiple als Qualitätsspeicher, unabhängig von Material, Auflage, Größe Format und Preis?

Genau. Das wäre durchaus eine museumswürdige Sammlung, die auch einen eigenen Katalog verdienen würde. Es geht also absolut nicht um Geld, das spielt beim Multiple gar nicht diese Rolle, wichtig ist, was an Ideen transportiert wird.

Was sammeln Sie denn selbst?

Das werde ich immer wieder gefragt. Natürlich nehme ich mal was mit nach Hause und hänge es da auch auf, aber eigentlich sammle ich, indem ich einkaufe und ausstelle. Also ganz junge Kunst oder kompliziertere Sachen hat man sowieso längere Zeit um sich. Irgendwann kommt dann vielleicht doch ein Kunde, und dann fällt es mir bei manchen Sachen schon schwerer, mich davon zu trennen. Aber ich bin in erster Linie Kunsthändler. Es gibt aber eine Art Sammlung, die unfreiwillig entsteht, weil es Ladenhüter sind.

Paul Maenz sagte, daß nicht unbedingt die schlechtesten Stücke für längere Zeit bei einem bleiben, dann vielleicht unverzichtbar werden und in den ständigen Bestand, sprich Sammlung, übergehen. Bei anderen Stücken freut man sich dann aber auch, wenn ein Sammler plötzlich die von einem selbst schon erkannte Qualität bemerkt, und dann gibt man die doch leichteren Herzens wieder weg.

Auf dem Kunstmarkt 1968 hätte ich lieber das als Sammlung gehabt, was am Ende der Messe unverkauft hängengeblieben ist, als das, was zur Eröffnung verkauft wurde.

Reiner Speck definiert Sammeln so: »Sammeln macht krank, bereitet schlaflose Nächte, löst Familienstreit aus und verschuldet!«. Wie beurteilen Sie diesen manchmal krankhaften Trieb?

Das ist in meiner Klientel noch nicht so ausgeprägt, weil ich eben mehr mit jüngeren Leuten zu tun habe. Es fängt eigentlich aber schon damit an, daß man eine Sache wie

das Sammeln ernsthaft verfolgt. Bei meinen Kunden ist das höchstens in Ansätzen vorhanden, wäre vielleicht noch kurierbar. Später, wenn man dann so richtig drin ist, wenn die Sammlung eine gewisse Größe angenommen hat, wird es dann eher schwierig, wieder davon loszukommen. Es geht ja dann über einen Kauf hier, dann einen Kauf da, und auf einmal stellt man fest, was man schon hat, eine Sammlung eben.

Spätestens dann stellt man ja auch fest, was einem noch fehlt.

Und das werden dann ganz treue Kunden, die einen auch fehlende Stücke suchen lassen. Aber eigentlich fehlt dem Gros meiner Sammlerkunden noch die finanzielle Grundlage zur Besessenheit.

Wir haben ja früher bereits über Hans-Peter Feldmann gesprochen. Der hat ja auch eine Mischung erreicht aus Sammeln, Kunst aus dem Sammeln heraus und Ladengeschäft, wo er ja ebenfalls eine Klientel befriedigt, die irgendetwas sammelt und seien es Porzellanfingerhüte...

Diese Konsequenz ist ja im Grunde gar nicht so erstaunlich. Ihm ging es ja immer um die Kunst mit vorgefundenem Material, das beginnt ja bereits mit den ganz frühen Collagen und geht über die Spielzeugsammlung, die er bei Paul Maenz ausgestellt hatte, bis zu den heutigen colorierten Großkopien. Und auch sein Laden gehört da mit hinein, das ist nur konsequent, daß er kein Atelier sondern einen Laden hat. So kann er eben ganz andere Sammlertypen bedienen und anders betreuen als den normalen Sammler von Kunst. Das finde ich sehr spannend. Für Ihr Kunstmagazin *Salon* hat er ja damals auch die Titelmotive gesammelt und war ja auch jeweils mit Sammlungen in einzelnen Heften vertreten.

Richtig. In Heft 1 Postkarten, in Heft 6 für die Ausstellung im Folkwangmuseum Essen eine Doppelseite aus einem Briefmarkenalbum und dann in Heft 7 das Faksimile eines alten Wiener Puppenwagenkatalogs, lose beigelegt.

Das paßte ja auch deshalb, weil *Salon* selbst auch wieder eine Sammlung war. Eigentlich war ja jedes Heft für sich eine Sammlung von Künstlerbeiträgen, und inzwischen liegt ja mit dem Erscheinen der letzten, 12. Nummer, *Salon komplett* als Sammlung in einer Holzbox vor. Eine Sammlung von Sammlungen sozusagen.

Sammeln kann ja auf verschiedene Art und Weise ausgeübt werden, lustvoll und nur dem eigenen Willen verantwortlich oder auf Komplettheit ausgerichtet mit dem Willen zur Kategorisierung, Datierung und Vollständigkeit.

Es gibt tatsächlich bestimmte Dinge, die man als Thema lustvoll sammeln kann, und die man trotzdem komplett haben möchte. Wenn man eine solche Sammlung hat, kann man damit auch wissenschaftlich arbeiten. Ich sehe das gar nicht so negativ, wenn ein Sammler auf Komplettheit achtet oder strikt nur eine bestimmte Nummer aus der Auflage, z.B. Nummer 7, sammelt. Im Hinblick darauf, daß man seine Sammlung vielleicht der Nachwelt überläßt, einem Museum stiftet etc., halte ich das lustvolle Sammeln durch die Verfolgung des Wunsches nach Vollständigkeit z.B. für steigerungsfähig. Natürlich gibt es auch dieses rein buchhalterische Sammeln…

Was ich meinte, war ja auch mehr dieses buchhalterische Abhaken aus Listen heraus, unabhängig eigentlich von dem, was man sammelt, daß also der Trieb befriedigt werden muß, egal was dann Gegenstand des Sammelns ist.

…das ist natürlich dann sehr traurig, da gebe ich Ihnen durchaus recht. Aber den Wunsch, durch Genauigkeit die Voraussetzung für wissenschaftliches Sammeln zu schaffen halte ich wie gesagt für positiv.

Da stimme ich mit Ihnen überein. Bitte noch ein Schlußwort, das zum Thema paßt, vielleicht auch in bezug zu Ihren aktuellen und geplanten Aktivitäten.

Es ist eigentlich eine Definition: Eins ist ein Einzelstück, Zwei sind ein Paar und Drei ist eine Sammlung.

Vielen Dank für das Gespräch.

DANIEL BUCHHOLZ

Jean-Christophe Ammann

Museum als Sammlung

Als Jean-Christophe Ammann 1987 das Museum für moderne Kunst (MMK) in Frankfurt übernahm, gab es bereits einen Grundstock, nämlich hauptsächlich Teile der ehemaligen Sammlung Karl Ströher und Arbeiten, die sein Vorgänger Peter Iden erworben hatte, z.B. *Blitzschlag mit Lichtschein auf Hirsch* von Joseph Beuys und den Biennale-Beitrag von Gotthard Graubner. Das Museum begann mit den Resten einer großen Privatsammlung und den Anfängen einer offiziellen Sammlung. Das MMK stellt sich einem heute wie eine sich ständig umwälzende Sammlung von Sammlungen und Ansammlungen dar, den Werkgruppen von zeitgenössischen Künstlern, die hier Eingang gefunden haben.

Herr Ammann, es ist ja Ihre Absicht, von den Künstlern, auch von denen, die Sie einmal als ›Brückenköpfe‹ bezeichnet haben, Werkgruppen oder Werkserien zu erwerben. Besteht dabei aber nicht die Gefahr, daß jeder Künstler nur bis zum Zeitpunkt seines ›Einzugs‹ dokumentiert ist?

Die ›Brückenköpfe‹, die Sie angesprochen haben, sind im wesentlichen Bernd und Hilla Becher, On Kawara und Gerhard Richter. Diese Künstler verbinden die sechziger Jahre mit der Gegenwart. Im Unterschied zu einem klassischen Museum oder einem Museum der Moderne sind wir hier in Frankfurt ein Museum der Gegenwartskunst, das heißt, wir blicken nach vorn und machen punktuell rückblickend Dinge fest, die für die Gegenwart wichtig sind. Bevor ich Ihre konkrete Frage aber beantworte, muß ich ewas weiter ausholen: Wir haben mit der Ausstellung der zwei frühen John Chamberlain Arbeiten aus der ehemaligen Ströher Sammlung lange gewartet, weil ich nicht wußte, wie ich mit diesen beiden Arbeiten umgehen sollte. Mir ist es grundsätzlich zuwider, wenn ein Werk aussieht wie bestellt und nicht abgeholt. Durch eine neue Arbeit von Chamberlain aus 1982 konnten wir die beiden vorhandenen jetzt verstärken. Der Raum ist also bestückt mit Werken aus 1959, 1963 und 1982. Dasselbe betrifft auch Walter de Maria, von dem wir im vergangenen Jahr große Zeichnungen aus genau der Zeit erworben haben, aus der auch der Werkkomplex der Sammlung Ströher stammt. Also auch hier haben wir den Bestand verstärkt und auch mit de Maria gesprochen, wie man das zusammen ausstellen soll. Den frühen Komplex von Franz Erhard Walther aus der Sammlung Ströher konnten wir dann durch den Ankauf von über einhundert aquarellierten Zeichnungen aus den Jahren 1967–1969 vergrößern, wobei uns der Verein der Freunde des MMK geholfen hat. Von Bernd und Hilla Becher werden wir demnächst eine ganze Gruppe von neuen Fotos geschenkt erhalten, um den bestehenden Teil weiter ergänzen zu können. Es ist also nicht so, daß die Werkgruppen so bleiben, wie sie einmal ins Haus gekommen sind, es werden rückblickend Positionen verstärkt werden. Wenn wir uns dann nach vorn blickend für ein Werk eines jüngeren Künstlers entscheiden, entscheiden wir uns für den Künstler innerhalb einer Periode seines Schaffens. Das ist immer der erste Schritt. Das bedeutet aber nicht, daß das dann so bleibt, sondern wenn das weiterhin interessant bleibt, wird das auch weiterverfolgt. Ziel ist, sich nicht zu verzetteln, sondern Schwerpunkte zu schaffen. Obwohl wir da natürlich schnell auf einen besonders schwierigen Punkt kommen, nämlich auf Gerhard Richter. Der Zyklus *18.Oktober 1977* gehört uns ja nicht, das ist eine auf zehn Jahre beschränkte Leihgabe, wobei ich auf Verlängerung hoffe. Man kann heute ja auch kein Bild mehr von Richter kaufen. Über eine Spende haben wir kürzlich noch ein frühes Mappenwerk erwerben können, die Offsetdrucke von Farbtafeln aus der Mitte der 70er Jahre, eine wunderbare Serie. Die konnten wir von privater Seite her für das Museum sichern, wobei das ja Preiskategorien sind, die noch überschaubar sind und wo man das mit einer Spende noch realisieren kann. Aber ein Städtebild oder ein aktuelles Bild von Richter zu erwerben, ist unmöglich, weil wir arm wie die Kirchenmaus sind.

Das MMK ist von der Architektur her gesehen ein schwieriges Museum, das eine Vielzahl überzeugender Räume enthält. Eine Frage, die mir im Zusammenhang mit Sammeln und Museum wichtig ist: die einzelnen, teilweise ineinander übergehenden Räume wirken wie die Kabinette der frühen Kunst- und Wunderkammern, die ja auch die unterschiedlichsten Gebiete beherbergten. Wollen Sie beim Museumsbesucher nicht nur ästhetisches Abhaken erreichen, sondern auch wieder Verwunderung, Begeisterung und Freude an Schönem und Aufregendem?

Das sollte sowieso das A und O sein. Bei unserem Museum handelt es sich eben um Ereignisarchitektur, die man auf der künstlerischen Ebene dann auch so bespielen muß. Der Ereignischarakter steht darum im Vordergrund, weil die einzelne Werkgruppe immer wieder einen neuen Einstieg verlangt. Ich kann ja durchgehen und entscheiden, daß ich mich damit heute nicht beschäftigen möchte, aber im folgenden oder übernächsten Raum verweile ich. Es ist ein schwieriges aber auch spannendes Museum. Man muß sich bewußt sein, daß man die Architektur über die Kunst und die Kunst über die Architektur wahrnimmt und muß dafür sorgen, daß die Architektur nicht die Kunst bedrängt und die Kunst sich nicht gegen die Architektur wehren muß. Die Wirkung kann man aber in der Regel nicht vorhersehen, die ist immer vom Einzelfall abhängig.

JEAN-CHRISTOPHE AMMANN

Diese Gruppen, die sie im regelmäßigen Wechsel, eben dem Szenenwechsel zeigen, haben gegenüber der Ausstellungspraxis anderer Museen den Vorteil, daß man eben nicht durch den ständigen Wechsel von Stilen und Namen optisch überschwemmt wird...

Genau. Viele Leute sagen, das MMK ist ein Museum in dem man nicht müde wird. Der flämische Maler Raoul de Keyser hat gesagt, er wäre in seinem ganzen Leben nie länger als 45 Minuten in einem Museum geblieben, weil er es wahrnehmungsmäßig gar nicht verarbeiten kann. Bei uns war er dann fast zwei Stunden...

Sie haben in Ihrer Textsammlung Bewegung im Kopf *beschrieben, wie Sie 1975 im Kunstmuseum Luzern zusammen mit Ihren Mitarbeitern bestimmte Bilder von ihren prunkvollen Rahmen befreit haben und wie Sie dann überlegen mußten, welcher Rahmen noch weg kann bzw. weg muß. Sie kamen zu dem Schluß, daß die Hängung oft total umgestellt werden mußte, weil sie vorher an den Rahmen und nicht an den Bildern orientiert war. Ist es im Hinblick auf Museumssammlungen und hier konkret auf Ihr Museum bezogen auch so, daß ein Kunstwerk oder Künstler in einem bestimmten Raum, in einer bestimmten Nachbarschaft zu einem anderen Werk oder Künstler wirkt, während er in einem anderen Raum neben einem anderen Künstler völlig deplaziert erscheint?*

Auf meiner Visitenkarte steht zwar, daß ich der Leiter dieser Institution bin, meine wirkliche Funktion ist aber eher die eines Heiratsvermittlers. Sehen Sie, ich muß ja herausfinden, wer mit wem möchte. Deshalb ist es doch auch so spannend, mit der Sammlung zu arbeiten. Im jetzigen Szenenwechsel haben wir einen fast siebzig Jahre alten Herrn, Mario Merz, mit einem Siebenundzwanzigjährigen, Peter Rösel, zusammengeführt, weil ich glaube, daß jeder auf seine Weise von der Sehnsucht und von der Utopie getragen ist. Wir haben Bruce Nauman und die übermalten Fotos *Cadaveri* von Arnulf Rainer zusammengebracht, und auch Walther Dahn und Rosemarie Trockel zeigen wir in einem Raum. Von Dahn haben wir wunderbare Aquarelle und farbige Blätter aus fast zwanzig Jahren. Wer mit wem möchte bzw. kann, kann man nur mit den konkreten Werken herausarbeiten und nicht mit Abbildungen davon. Man hat dann zwar eine Vorstellung, aber es ist eben nur bedrucktes Papier. Sobald aber die Werke miteinander in Beziehung treten, spürt man sofort, ob die wollen oder nicht. Kunstwerke sind ja wie energetische Wesen, und obwohl diese Energie nicht meßbar ist, meldet sie sich. In dem Saal mit der Pop Art stellt sich mir z.B. immer die Frage, ob das Malerei ist oder nicht. Ist Lichtenstein ein Maler oder nicht? Ich denke, er füllt Flächen aus wie Rosenquist wahrscheinlich auch. Da habe ich die Frage gestellt: Was ist denn dann eigentlich Malerei? Und jetzt hängt der Jasper Johns und das graue monochrome Bild von Richter und der Francis Bacon nebeneinander und man kann sehen, daß die doch etwas miteinander zu tun haben. Das zu spüren, ist eines der schönsten Erlebnisse, die man haben kann. Wenn ich wirklich Heiratsvermittler wäre, hätte ich mir eine große Zahl von Ehen gewünscht, die immer noch funktionieren.

Dieses angesprochene Problem stellt sich Ihnen doch auch sonst beim Sammeln für das Museum. Sie müssen doch immer wieder entscheiden, was Sie erwerben bzw. was Sie für das, was schon vorhanden ist, als Verstärkung, Ergänzung wünschen. Ist das nicht von der heutigen Kategorisierungssucht her unmöglich? Wichtig ist doch, daß die Energien vorhanden und spürbar sind und nicht, ob das Malerei, Skulptur oder Objekt oder eine Mischung davon ist...

Richtig, aber mit Kategorien hatte ich nie Probleme, ich bin immer von den Energien ausgegangen, und das ist der entscheidende Faktor. Man kann ja auch fragen, ob Barnett Newman Maler ist, oder ob er an der Ausdehnung von Farbe interessiert ist. Robert Ryman ist sicherlich mehr Maler als Barnett Newman, den ich sehr verehre. Der eine hantiert eben mit Malerei, der andere mit Farbe. Das ist ein wesentlicher Unterschied. Ich bin ja im traditionellen Sinn mit der Malerei verbunden. So haben wir zwar von Kasseböhmer noch nichts Neues erworben, dafür aber wunderbare Zeichnungen von Albert Oehlen, die völlig exzentrisch zu den Bildern sind, die 1990/91 in Spanien entstanden sind und von denen sich fünf in unserer Sammlung befinden. Der Künstler ist eben das letzte archaische Wesen, ein Wesen, das aus Fleisch und Blut, Zeit, Angst, Sexualität und Tod besteht. Das interessiert mich weiterhin sehr stark. Insofern ist die Diskussion über virtuelle Realitäten eine Kopfgeburt, bei der man den Künstler überhaupt nicht gefragt hat. Ein wunderbarer Künstler wie Bill Viola bringt z.B. etwas von

JEAN-CHRISTOPHE AMMANN

der Malerei ins Video hinein. Es brauchte eben zwei Generationen, um jemanden zu finden, der ganz souverän mit dem Video umgehen kann, unabhängig von der Düsseldorfer Ausstellung, von der Viola weiß, daß ich meine Bedenken hatte.

Man kann ruhig sagen, daß Bill Viola ein größerer Künstler ist, als man in Düsseldorf zeigen konnte. In der Presse wurde ja auch diskutiert, daß man das alles schon gesehen habe, in anderen Formen. Diese Argumentation hielt ich für kurzfristig. Einen Akt hat man ja auch schon tausendmal gesehen, und trotzdem gibt es heute spannende Aktmalerei.

Wer ist denn Ihrer Meinung nach ein spannender Aktmaler?

Zum Beispiel Lucian Freud. Obwohl das mehr oder weniger traditionelle Malerei ist, schafft der es, daß ein Funke überspringt, und man sagt: Das ist ein Bild!

Gerne möchte ich einmal zeigen, was Lucian Freud für ein Potential hat, wenn man ihn mit einem Philip Pearlstein zusammenhängt. Dann sähe man schon, daß der eine eben Maler und der andere Graphiker ist.

Ich habe ja ein starkes Interesse an den aus den Kunst- und Wunderkammern in unsere Zeit und ins Museum herübergeretteten Präsentationsformen Vitrine, Schaukasten und Regal, gerade auch im Hinblick auf meine Themen ›Sammeln‹ und ›Museum‹. Gerade in den letzten Jahren sind diese Präsentationsformen verstärkt von Künstlern für ihre Arbeit herangezogen werden. Als Beispiel im MMK wären da zu nennen die Schaukastenvitrinen von Reinhard Mucha in Mutterseelenallein *und als ältere Arbeit das Regal für den 1.* Werksatz *von Franz Erhard Walther. Sehen Sie darin einen Rückzug auf museales Instrumentarium oder denken Sie, daß dadurch der Künstler an die Stelle des Kurators tritt und eben selbst entscheidet, wie seine Arbeit gezeigt bzw. gelagert wird?*

Ich habe meine Probleme mit Vitrinen, auch mit denen von Beuys, weil ich die Werke lieber im Raum habe.

Obwohl doch gerade bei Beuys wichtig ist, wie ich in meinem Verzeichnis geschrieben habe, daß die Vitrinen Modellcharakter für Rauminstallationen haben können. Harald Szeemann hat das in Zürich hervorragend realisiert. Da ist eben noch etwas von der Reibungsenergie zwischen den einzelnen Teilen spürbar. Und dazu kann man Beuys eigene Installationen in Vitrinen immer wieder befragen.

Beuys habe ich ja ganz bewußt und provokativ angeführt, obwohl ich ihn sehr schätze, das wissen Sie ja. Mir ist wichtig, wenn ich von Energie ausgehe, ob etwas in eine

Vitrine hinein muß, weil es nicht anders geht. Man macht ja auch sonst eine Glashaube, um ein Exponat zu schützen. Aber generell interessieren mich Vitrinen-Künstler nicht, wie ich auch nicht an Recycling-Künstlern oder Stil-Künstlern interessiert bin. Wenn aber Oldenburg das Mouse-Museum macht und dazu die Sachen in Vitrinen legt, dann ist das selbstverständlich richtig.

Weil es eben der Museumsgedanke bei dieser Arbeit ist. Denken Sie denn, daß sich manche Leute damit einen Trend geschaffen haben ohne innere Notwendigkeit? Gerade von Rosemarie Trockel gibt es doch Vitrinen, von denen ich überzeugt bin, daß sie als Bestandteil der Skulptur wichtig sind und nicht nur als Ersatz für die schützende Glashaube dienen.

Vor einigen Jahren habe ich bei Barbara Gladstone eine Trockel Ausstellung gesehen, und ich war gar nicht glücklich damit. Auch da standen mir die Vitrinen wieder im Weg. Das hat vielleicht damit zu tun, daß ich nicht gerne Handschuhe trage. Ich brauche den direkten Kontakt zum Werk, und ich habe gerne den Geruch des Werkes in der Nase. Die Vitrine akzeptiere ich, wenn sie da sein muß. Beim Aufbau unserer aktuellen Präsentation von Rosemarie Trockel haben wir ja auch eine Vitrine benutzt, um die Peter Blum Edition *White Carrot* von ihr ausstellen zu können. Da liegt dann eben die Mappe und der aus Porzellan geformte Eiszapfen drin. Aber ich habe den Geruch des Werkes lieber direkt und nicht gefiltert durch die Vitrine.

Gut, aber das ist auch ein Beispiel für eine aus konservatorischen Gründen von Museumsseite gewählte Vitrine, ich dachte aber mehr an Arbeiten wie den ebenfalls ausgestellten Daddy's Striptease Room, *wo die Skulptur selbst Vitrine ist. Aber Sie haben schon recht, die Glasscheibe schafft Distanz, genauso wie das Glas vor den Bildern von Francis Bacon.*

Diese Glasscheiben mag ich ja auch nicht, und Jan Hoet hat mir erzählt, daß er Bacon davon überzeugen wollte, sie wegzulassen. Aber Bacon hat darauf bestanden, daß sie Bestandteil des Bildes sind. Nur weiß ich jetzt nicht, wann die Gläser vor die Bilder gekommen sind. Unser Bild von 1960 aus der Sammlung Ströher hat weder Glas noch Rahmen, nur eine Holzleiste. Also war das Glas zu der Zeit noch kein Imperativ. Ich weiß auch nicht, warum Bacon das Bild schützen wollte.

Meines Erachtens hat das weniger mit Schutz zu tun, da wären andere Maler wesentlich mehr auf Glas vor ihren Bildern angewiesen. Ich denke, es geht mehr um die Distanz zwischen dem Betrachter und dem was auf den Bildern ist, in der Regel geschundene Kreaturen. Wir lebenden Menschen ergötzen uns an der Malerei und sollen auf Distanz gehalten werden zu dem Dargestellten, weil es nicht unsere Welt ist.

Unter diesem Aspekt ist es tatsächlich sinnvoll, da haben Sie absolut recht.

Wie gehen Sie als Museumssammler in diesen finanziell schwierigen Zeiten weiter vor? Kann man überhaupt noch sammeln?

Ja, aber nur unter großen Mühen. Für diesen *Szenenwechsel* haben wir mit Hilfe des Vereins der Freunde des MMK und einer beträchtlichen Sonderspende die letzte größere Arbeit erworben, einen Unterleib von Robert Gober mit Abflußlöchern am Gesäß und in den Beinen. Diese Arbeit von 1991 war immer Besitz des Künstlers, aber als er hier war, hat er entschieden, daß wir sie haben sollten, was uns sehr gefreut hat. Wir haben ja zum Glück eine Familienstiftung, die den Erwerb von Werken jüngerer Künstler ermöglicht. Ohne diese Stiftung wäre die Situation entsetzlich traurig. Andererseits hoffe ich, über den Förderverein verstärkte Aktivitäten entwickeln zu können. Ich persönlich stehe auch noch unter besonderem Druck, weil wir erfolgreich sind und einen täglichen Besucherdurchschnitt von 300–400 haben. Diesem Auftrag einer interessierten Besucherschaft möchte ich gerne gerecht werden. Eigentlich überlege ich ständig, wie ich durch entsprechende Gegenleistungen an zusätzliche Mittel herankomme. Nur die Hand aufhalten und warten, daß Manna fließt, geht nicht. Man weiß ja von den Vorständen der Großunternehmen, daß die der Flut von Spendenwünschen nicht mehr gewachsen sind, arbeitsmäßig nicht und erst recht nicht vom Budget her. Dieses Jahr werden wir noch relativ souverän durchstehen, mein Problem ist aber der Zeitraum 1995–2000. Und es ist zu befürchten, daß es zukünftig noch schlimmer wird, selbst bei gleichbleibenden Beträgen reduzieren sich die Mittel durch die Inflationsrate beträchtlich. Aber wir sind ja auch nicht nur Schönwetterkapitäne, man erwartet von Leuten in unserer Position schon Ideen und unternehmerisches Denken. Manchmal glaube ich, daß es auch deshalb nicht so einfach ist, weil unsere Gesellschaft auf eine Amerikanisierung nicht vorbereitet ist. Man muß daher von seiten des Gesetzgebers schon überlegen, ob man nicht durch Steuervorteile Anreize schaffen kann, das Kapital zu tätiger Unterstützung der Kultur zu motivieren. Die Ungewißheit macht unsere Arbeit so schwierig, wobei diese Schwierigkeiten erst in zwei Jahren sichtbar werden, wenn die Schere immer weiter auseinanderklafft. Eines Tages wird das Museumsufer in Frankfurt dann vielleicht wirklich nur noch ein Potemkinsches Dorf sein, wie Hilmar Hoffmann gesagt hat. Die Politiker kommen und gehen ja, aber wir in den Institutionen haben einen Generationenvertrag zu erfüllen. Wenn wir aufhören, müssen wir eine Institution weitergeben, die so geführt wurde, daß sie überlebensfähig ist.

Wenn Sie davon sprechen, daß Sie phantasievoll agieren müssen, um aktionsfähig in Ihrer Sammeltätigkeit zu bleiben, fällt mir ein, daß sie den Ankauf der Gruppe der 57 Pinguine von Stephan Balkenhol auf sehr innovative Weise ermöglicht haben durch Patenschaften und aus verschiedenen, auch kleinsten Beträgen die Summe für den Erwerb zusammengesammelt wurde.

Sie müssen dabei aber berücksichtigen, daß jede Situation stets von neuem zu bedenken ist, und man aus dieser Situation jedesmal eine neue entsprechende Strategie ableiten muß. Der Modellcharakter dieser jeweiligen Situationen ist nicht einfach übertragbar. Gerhard Richter hat ja einmal als Jahresgabe ein großes Bild in viele gleichgroße Teile zerschnitten. Ich kann aber nicht analog zu Gerhard Richter Bilder stückweise kaufen. Bei den Pinguinen hat es funktioniert, wir hätten damals auch Patenschaften für 80 Pinguine bekommen können. Es bringt aber nichts, sich im allgemeinen zu bewegen, man muß das Problem in viele unterschiedliche Probleme zerlegen und jeden dieser Teilbereiche als spezifische Situation bedenken und die entsprechenden Lösungen ableiten. Dann muß man das noch koordinieren und Prioritäten setzen. Es gibt keine allgemeinen sondern nur von Fall zu Fall spezifische Lösungen.

Meine letzte Frage hat auch etwas mit Problemlösung zu tun: Wenn Sie auf eine einsame Insel verbannt würden, was würden Sie an Kunst mitnehmen wollen?

Wenn ich auf eine einsame Insel ziehe und hätte da ein kleines Häuschen zur Verfügung, so daß ich gar keine Sammlung in dem Sinne unterbringen könnte, dann würde ich ein Datumsbild von On Kawara mitnehmen, natürlich ohne Bezug zu meinen Lebensdaten, dann eine kleine Skulptur aus Reinigungstüchern von Andreas Slominski und ein Aquarell von Walter Dahn.

Ich danke Ihnen für dieses Gespräch und Ihre freundliche Unterstützung.

JEAN-CHRISTOPHE AMMANN

Hartmut Kraft

—

Die Versuchung des Heiligen Antonius

Für den Kölner Psychoanalytiker und Nervenarzt Hartmut Kraft entstand eine Sammlung von *Originalreproduktionen* zum Thema *Die Versuchung des Heiligen Antonius*. Die Auswahl umfaßt Werke von Dali, Max Ernst, James Ensor, Paul Cezanne, Nikolaus Manuel (1520) und David Teniers (1650). Hartmut Krafts Sammlung beinhaltet neben zeitgenössischer Kunst (Partenheimer, Prent, Gilles, Höckelmann, Iseli, Zolper, Spindel, Schöffer, Nitsch, Luther, Buthe, Virnich, Rückriem...) auch eine international bedeutende Sammlung zum Thema ›Kopffüßler‹ sowie transkulturelle Kunst- und Kultgegenstände. Eine Sammlung zum Thema Versuchung anzulegen, deren Adressat ein begeisterter und kompetenter Sammler auf verschiedenen Gebieten ist, der dazu von seiner Profession her auch zu den Hintergründen des Sammelns Auskunft geben konnte, war ein besonderer Glücksfall. Das Gespräch hat seinen zusätzlichen Reiz in der Umkehrung der Frage-Antwort-Situation im letzten Teil.

—

Da Sie auf den verschiedensten Gebieten sammeln, möchte ich fragen, warum Sie ausgerechnet beim Erwerb einer Sammlung Originalreproduktionen das Thema Die Versuchung des Heiligen Antonius *gewählt haben? Wieso nicht ein scheinbar naheliegenderes Thema, z.B. einen Künstler, der Ihnen in Ihrer Sammlung noch fehlt, oder einen Künstler, von dem Sie bereits Werkbeispiele besitzen, auf diese Art vervollständigt, warum als die Versuchung?*

Von den in dieser Sammlung *Die Versuchung des Heiligen Antonius* vertretenen Künstlern habe ich bisher noch nichts erwerben können und wohl auch keine Aussicht, jemals etwas von diesen Künstlern zu besitzen. Als ich mir überlegte, was in unserer Zusammenarbeit bei der Erarbeitung einer solchen Sammlung Thema sein könnte, und was für mich im Vordergrund steht, bin ich auf eines meiner alten Sammelthemen gestoßen, das mich fasziniert, seit ich Ende der 60er Jahre eine große Hieronymus Bosch Ausstellung in s'Hertogenbosch gesehen habe; dabei hatte mich gerade die *Versuchung des Heiligen Antonius* sehr beeindruckt, das Thema, wie ein Mensch allen körperlichen und seelischen Anfeindungen und Widrigkeiten zum Trotz an seinem einmal gewählten Weg und Ziel festhält; der Heilige Antonius ist hierin übrigens der mich ebenfalls faszinierenden Figur des Hiob verwandt. Von hier aus führt dann ein Weg zu dem mich gegenwärtig beschäftigenden Thema der Initiation, zu den transformativen Krisen mit ihren tief aufwühlenden und zum Teil sehr gefährlichen Übergangsstadien. So blieb also die *Versuchung des Heiligen Antonius* für mich über die Jahrzehnte ein aktuelles, mich begleitendes Thema. Ganz besonders begeistert war ich dann in der von Kasper König organisierten Ausstellung *Westkunst*, wo der Saal zu einem Wettbewerb *Versuchung des Heiligen Antonius* rekonstruiert worden war.

Bilder, die 1946 für den Film The Private Affairs of Bel Ami *nach dem Roman von Guy de Maupassant von Max Ernst, Dorothea Tanning, Dali etc. gemalt worden waren, wobei Max Ernst den Wettbewerb übrigens gewann.*

Genau. Alle diese Bilder habe ich im Kopf mit mir getragen, wohl wissend, daß ich sie nie würde besitzen können. Ich war auf diese langsam verblassenden Bilder im Kopf angewiesen. Als sich dann mit Ihren Originalreproduktionen die Möglichkeit eröffnete, im Gedankenaustausch mit mir eine besondere Auswahl zum Thema *Versuchung des Heiligen Antonius* zusammenzustellen, habe ich diese Art genutzt, um so wenigstens einige der Bilder für mich sichtbar werden zu lassen.

Originalreproduktionen als Hilfsmittel zur Realisierung eines Sammlertraumes?

Ja, man kann natürlich auch sagen: ›Sammleralptraum‹… es hat auch etwas damit zu tun, daß mich in meinem breiten Spektrum an Sammlungen immer wieder die dunklen Seiten des Menschen faszinieren. Wenn man mit Bosch beginnt und dieses Bild unvoreingenommen auf sich wirken läßt, hypothetisch vielleicht auch mit den Augen eines Betrachters des 16. Jahrhunderts, spürt man, welch machtvolle alptraumhafte Bilder das sind. Auch Grünewald und später Max Ernst sind dann Bilder gelungen, die diese dunkle Seite des Menschen, die bösen und peinigenden Phantasien, ansprechen. Diese unserer Alltagswahrnehmung oft so fremde, andere Welt hat mich immer interessiert.

Bosch und Grünewald sind in dieser Collection doch gar nicht vertreten…

Die Genannten sind aus der Überlegung heraus nicht berücksichtigt worden, weil ich diese Bildbeispiele unauslöschbar vor Augen habe und nicht auch noch an der Wand haben muß. Mir ging es mehr um die Bilder, die zu verblassen drohten. Diese sollten in die Collection aufgenommen werden.

Über dieses ›sich ermöglichen lassen‹ eines Sammlertraumes sollte ein anderer Aspekt nicht aus den Augen gelassen werden, nämlich in diesem konkreten Fall

HARTMUT KRAFT

das Thema: Versuchung. *Sind Sie der Meinung, daß bestimmte Vorstellungen oder Angebote, etwas zu sammeln, manchmal auch Seiten in Ihnen ansprechen, die Sie erschrecken lassen? Gedanken der Art: Was müßte ich tun, um dieses Angebot annehmen zu können? Also die Versuchung des Augenblicks, wenn Sie Informationen bekommen, daß etwas, was Ihnen fehlt, zum Verkauf steht...*

Ich glaube, daß jeder ernsthafte und damit auch leidenschaftliche Sammler sich permanent in Versuchung befindet. Wenn es nicht so ernst wäre, könnte man jetzt sagen: Die einfachste Art, einer Versuchung zu entgehen, ist, ihr nachzugeben. Wenn man das aber täte, käme man mit der Realität sehr schnell in Konflikt. Die schnelle Verarmung ist dann vorauszusehen. Jeder Sammler befindet sich wohl in diesem Konflikt des Angebots auf der einen Seite und der Begrenzung von Zeit, Raum und Mitteln auf der anderen. Da mich die dunklen, abseitigen Facetten des Menschen nicht zuletzt beruflich als Psychiater und Psychoanalytiker interessieren, und ich ja keine *Schöner Wohnen-*Sammlung besitze, kann es durchaus zu Versuchungssituationen in der Art kommen, daß mich Bilder oder Skulpturen ansprechen, die eine solche Wucht und Präsenz haben, daß ich mich fragen muß, ob ich mit solchen Bildern leben kann. Zum Beispiel mit einem Bild *Die Versuchung des Heiligen Antonius* von Bosch oder auch von Max Ernst tag-täglich zu leben, grenzt fast ans Unmögliche, falls es überhaupt realisierbar wäre. Es strahlt eine solche Bösartigkeit und Gefährlichkeit aus, daß es mir kaum erträglich wäre. Mit der verkleinerten Originalreproduktion ist es dann wiederum möglich; ein nicht zu unterschätzender Aspekt. Ein durchaus vergleichbares Beispiel in diesem Zusammenhang mag auch die kleine Plastik von Mark Prent *Childs Toy* sein, die sich in meiner Sammlung befindet, und die auf Grund ihrer Präsenz und angstauslösenden Agressivität, verbunden mit einer erschütternden Traurigkeit, es mir und erst recht meinen Gästen unmöglich macht, im ständigen Blickkontakt mit ihr zu leben. Es wird ein Verarbeitungsprozeß in Gang gesetzt, ähnlich wie beim Thema der *Versuchung des Heiligen Antonius,* der gar nicht unbedingt zu einem Abschluß kommen können muß.

In anderen Gesprächen zum Thema Sammeln wurde angesprochen, daß die größenmäßige Reduziertheit der Originalreproduktionen einen kontrollierenden oder erforschenden Zugang zu den Bildthemen ermöglicht, weil die Originalreproduktion *immer als Teil einer Gruppe, sprich* Collection von Originalreproduktionen, *in einer Sammlung von Kunstwerken auftritt, und so die Möglichkeit besteht, nicht mit einem Motiv, sondern mit einer Vielzahl von Motiven konfrontiert zu werden, die einen Sammlungsinhalt modellhaft vorführt.*

Es ist zweierlei: Die Originalreproduktionen sind größer als Reproduktionen auf Postkarten oder in Büchern, aber kleiner als die Originalgemälde. Sie stehen größenmäßig in einem Zwischenbereich. Da es sich ja um Reproduktionen von Reproduktionen handelt in der Abfolge Original, Foto, Raster, Druck, Originalreproduktion, ist das, was dann

an der Wand hängt, wie ein Bild durchaus geeignet, eine erlebnismäßig andere Qualität zu transportieren als ein Poster oder eine Kopie. Der zweite Aspekt ist dann die Gruppenbildung mit der Möglichkeit des Vergleichs und darüber hinaus die über das Einzelbild hinausweisende Gesamtkomposition, eben die Sammlung.

Sie haben Einzelbild und Gruppe von Bildern angesprochen: hat das etwas damit zu tun, daß Sie in Ihrem Haus mit Ihren Bildern und in Ihrer Sammlung leben und daß sich in den einzelnen Räumen natürlich immer Gruppen von Werken befinden, die in Zusammenhängen stehen, sich eventuell aneinander reiben und Ihnen bei Ihrer Betrachtung Genuß vermitteln, aber auch Arbeit abverlangen?

Das ist ein ganz wesentlicher Gesichtspunkt; wenigstens für mich kommt es darauf an, mit den Kunstwerken zu leben, und die Hängung in einem Raum ist meines Erachtens ein kreativer, kompositorischer Akt. Genauso, wie man Bilder ›kaputthängen‹ kann, kann man durch Kombination ein Ergebnis erzielen, das bis an die Grenze des Erträglichen heranreicht oder zumindest zu einer Intensivierung des Bilderlebens führen kann. Mir ist es immer sehr wichtig, in den verschiedenen Räumen Dialoge zu gestalten, und wenn ein Bild aus einem Raum entfernt und ersetzt wird, hat das zur Folge, daß der Raum teilweise bzw. gänzlich umgestaltet werden muß, weil die Beziehung der Bilder zueinander nicht mehr stimmt. Wichtig dabei ist, daß es für diese Stimmigkeit weder auf Namen noch auf Stile ankommt, sondern auf eine innere, tieferliegende Stimmigkeit. Wenn ich von Dialog spreche, meine ich z.B. neben einem leuchtendroten Bild von Rupprecht Geiger eine afrikanische Skulptur oder Masken aus Ceylon. Dann kann eine Kraft und spannungsgeladene, zugleich aber auch meditative Situation entstehen zwischen der auf etwas Jenseitiges, Geistiges hinweisenden Skulptur oder Maske und der ganz andersartigen Kraft der monochromen, leuchtroten Fläche des Geigerbildes, das uns sinnenhaft anregt und zu Reaktionen und Projektionen herausfordert.

In diesem Zusammenhang sei auch noch einmal Childs Toy *von Mark Prent erwähnt, der sich in diesem Raum in direkter Nachbarschaft befindet mit großen Graphitarbeiten von Peter Gilles und dem* Auge Gottes, *aus seinem magischen Zyklus von Heinz Zolper.*

Richtig. Gerade zu den Arbeiten von Gilles besteht eine unmittelbare Verwandtschaft, weil er aus einer großen emotionalen Anspannung heraus arbeitet und auf formaler Ebene das Thema Verletzung angesprochen wird. Bei Prent vermittelt die geschundene kleine Figur religiöse und mythische Inhalte, auch Christus, sein Leiden und sein Geschundensein liegen darin. Auf den ersten Blick scheint Zolper mit seiner sehr ausgeklügelten Maltechnik ein Gegensatz zu sein, aber auf der bereits von Ihnen angedeuteten magischen Ebene treffen sich die drei Arbeiten sehr schnell wieder. Aber das erschließt sich eben erst auf den zweiten Blick.

Zurück zum Thema Versuchung: *Diese drei Werke von Prent, Zolper und Gilles scheinen mir, jedes für sich, den Betrachter oder auch den Schöpfer des Werkes selbst zu prüfen, wenn nicht gar zu versuchen. Versuchen in dem Sinne, daß man sich die Frage stellt, wieweit darf ich das, was ich sehe bzw. erlebe, an mich heranlassen. Sind das Momente, die auch von Ihnen so empfunden werden?*

Das wird nicht nur von mir so empfunden, sondern das habe ich ganz konkret sowohl bei Gilles als auch bei Prent in Ausstellungen so erlebt. Bei Prent-Ausstellungen mußte manchmal sogar die Polizei kommen, weil es zu Anzeigen gekommen ist. Die Abwehr der Betrachter war so stark, daß sogar die Schließung der Ausstellungen in Betracht gezogen werden mußte. Bei Gilles-Performances wurde ich manchmal mit Tränen in den Augen gefragt: Darf man so etwas überhaupt machen? Gemeint war damit natürlich der vordergründig selbstzerstörerische Aspekt seiner Arbeiten, wobei dieser Aspekt als vorbereitender Teil einer Initiation zu sehen ist. Mich hat dieser Aspekt immer sehr stark bewegt und fasziniert, trotz seiner ängstigenden und aufwühlenden Wirkung. Auch ohne direkten engen Bezug zur *Versuchung des Heiligen Antonius* ist das Thema des inneren Kampfes, der Überwindung großer Widerstände, in vielen Stücken meiner Sammlung also seit langem präsent.

Die Collection Versuchung des Heiligen Antonius, *die in Teilen bis ins 16. Jahrhundert zurückgeht, stellt einen zeitlichen Abstand dar zu den anderen Stücken Ihrer Kunstsammlung, aber nicht zu Ihrer transkulturellen Sammlung...*

Die Sammlung beginnt mit den 60er Jahren dieses Jahrhunderts und baut darauf auf, wobei ich diese Eingrenzung bedauere. Ich plane nämlich durchaus, meine Sammlung durch graphische Werke von Goya und Callot sowie durch Buchholzschnitte des ausgehenden Mittelalters zu ergänzen. Zum Beispiel findet sich eine wunderschöne *Versuchung* in der Schedelschen Weltchronik von 1492, eine Illustration, an der möglicherweise der junge Dürer mitgewirkt hat. Das führt dann zu meiner Faszination für Dürer-Holzschnitte, aber auch z.B. für Piranesi... Gerade die Graphik gehört ja zu dem, was erreichbar bleibt und nicht dazu verurteilt ist, nur als Bild im Kopf zu existieren. Die Auseinandersetzung mit den Originalreproduktionen könnte zur Initialzündung werden, diese alten Sammelideen zu realisieren.

Was stellt Die Versuchung des Heiligen Antonius *als Sammlung quer durch die Kunstgeschichte für Sie dar?*

Das ist ganz sicher zuerst einmal ein Beitrag zur zeitgenössischen Kunst. Die spezifische Qualität der Originalreproduktion und ihrer Zusammenstellung ist eine Möglichkeit, die untergründige Verbindung dieses Themas über alle Stile hinweg zum Ausdruck zu bringen. Darin liegt die besondere Qualität und Möglichkeit Ihrer Arbeit.

HARTMUT KRAFT

*Ist die Versuchung nicht auch in der Situation gegeben, wo man sich fragen muß:
Kann ich mich von diesem Stück meiner Sammlung trennen, um überhaupt den
Platz zu haben, die Dinge, die mir lieb und teuer sind, um mich herum haben zu
können. Konkret also die Beschränkung des Sammlers nicht nur zeitlich und
materiell, sondern auch was die Möglichkeiten der Präsentation anbelangt.*

Platz, Zeit und Geld können reale, oft jedoch nur vorgeschobene Gründe sein. Wir
Menschen haben ja drei Häute: die eigene, die Kleidung und unsere ›vier Wände‹ und
damit dann auch die Bilder an diesen Wänden. Das heißt für mich: Bilder sind aufzu-
fassen als indirekte Selbstportraits. In dem Maße, in dem der Sammler sich ändert, wird
er bestrebt sein, diese indirekten Selbstportraits diesen Veränderungen anzupassen. Dies
geschieht, nebenbei bemerkt, natürlich nicht nur entsprechend eigenen, individuellen
Prozessen, sondern durchaus angelehnt an die Entwicklung der Gesellschaftsschicht, zu
der er sich zugehörig sieht. Das muß andererseits wiederum nicht immer auf aktuelle
zeitgenössische Kunst bezogen sein, sondern kann durchaus auch die Begeisterung für
eine ältere Kunstrichtung oder einen anderen Kulturkreis umfassen… Vordergründig
sieht es dann zwar so aus, als wären Platz und Geld ausschlaggebend für diese Veränderung der Sammlung, aber es geht um die Anpassung an den inneren Prozeß des
Sammlers. Da werden Sammlungsteile, teilweise sogar ganze Sammlungen, die mit viel
Ernsthaftigkeit aufgebaut wurden, plötzlich veräußert, und mit dem gleichen Ernst wird
mit dem Aufbau einer völlig anderen Sammlung begonnen. Häufiger ist es allerdings ein
schleichender Prozeß.

Zentrale Frage an Sie sollte sein: Hat das Thema Versuchung des Heiligen
Antonius, *das Sie ja als Sammlung von* Originalreproduktionen *im Dialog mit
mir zusammengestellt haben, für Sie auch leitmotivischen Charakter in der Form,
daß man versucht wird, etwas zu veräußern, um etwas anderes erwerben zu können als ein Motiv, das den Sammler permanent begleitet…?*

Das ist eine sehr vielgestaltige Frage. Eine Antwort schält sich aber heraus: Der Sammler
scheint mir wirklich ein in einer Versuchungssituation befindlicher Mensch zu sein. Ich
glaube, das sogar ganz konkret beobachten zu können sowohl bei anderen Sammlern,
aber auch bei mir. Der Erwerb eines neuen Bildes ist ja nicht immer ein vollkommen ein-
deutiger Prozeß, sondern auch von vielen Zweifeln behaftet, aber von noch mehr Zweifeln ist der Verkauf aus der Sammlung heraus behaftet: Hat man das richtige gekauft
bzw. verkauft. Ingmar Bergmann hat einmal gesagt »Kill your Darlings«, bezogen auf
die Lieblingsszenen im Manuskript… so muß man sich auch bei einer Sammlung fragen: Soll ich das sammeln, was mich spontan anspricht? Wird das dann aber nicht
schnell banal und langweilig? Oder soll ich nicht immer wieder ein Wagnis eingehen
und mich durch Kunst herausfordern lassen? Wobei das Wagnis auch darin besteht,
daß ich über kurz oder lang merke, daß ich mich mal wieder habe verführen lassen.

Hier gibt es zwischen den einzelnen Sammlerpersönlichkeiten zweifellos große Unterschiede, eine umfassende Monographie zur *Psychologie des Sammelns* steht noch aus.

Die Folge aus diesem Versuchtwerden ist bei Antonius ja die Heiligsprechung gewesen. Wie könnte das Resultat beim Sammler aussehen? Steht da nicht das Museum am Ende als équivalent für die Heiligsprechung?

Man kann sich natürlich fragen, ob der Sammler, der es schafft, seine Sammlung in ein Museum einfließen zu lassen und das Museum dann mit seinem Namen zu signieren, allen voran Peter Ludwig, aber auch Wilhelm Hack und Lothar Günther Buchheim, der es gerade mal wieder versucht... ob das wirklich einer Heiligsprechung gleichkommt. So einfach kann das, glaube ich, nicht gesehen werden, das wäre ja wie ein Abschluß. Ich glaube eher, daß für die meisten Sammler der Prozeß der Auseinandersetzung und Versuchung immer weitergeht und ich glaube auch, daß für diejenigen, die die ›formale Heiligsprechung‹ durch ein eigenes Museum bekommen haben, dieser Prozeß sich nicht abschließen läßt. Für die meisten Sammler bleibt es – wenn wir bei den hier eingeführten religiösen Metaphern bleiben wollen – beim Bau einer eigenen kleinen Kapelle. Das mit Hilfe der gesammelten Bilder nach außen an die dritte Haut projizierte eigene Unbewußte hat sehr viel mit ursprünglich religiösen Vorstellungen zu tun.

Wir haben jetzt aber soviel über die *Versuchung*, auch die des Heiligen Antonius gesprochen, ich möchte auch Sie gerne etwas fragen: Wenn ich so Ihre Arbeit mit den Originalreproduktionen betrachte und sehe, mit welcher Konsequenz Sie dieses Thema vorantreiben und weiterentwickeln, stellt sich mir die Frage: Was ist mit den eigenen künstlerischen Impulsen? Obwohl mit den Originalreproduktionen etwas Neues entsteht, sind Sie andererseits sehr stark auf Vorlagen angewiesen. Wie ist es bei Ihnen mit der Versuchung, ohne Vorlagen zu arbeiten, aus sich heraus etwas ganz Neues zu schöpfen? Wie sieht es mit diesem Teil der Versuchung aus?

Das ist eine sehr gute, wenn auch heikle Frage. Anläßlich eines Vortrags habe ich das einmal so beantwortet: Meine Arbeit besteht im ›Bilder Finden‹, statt im ›Bilderfinden‹. Nach einer Phase, die man als vorbereitend bezeichnen kann, aber auch während der ersten beiden Semester an der Kunstakademie habe ich tatsächlich dem eigenen Schaffensdrang nachgegeben. Es waren Versuche, Motive zu finden und in meiner Art Bild werden zu lassen. Ich mußte dann aber beim Betrachten der Resultate immer wieder feststellen, daß sich die Vorbilder nicht haben überdecken lassen, daß das, was Anstoß für mich war, etwas zum Bild werden zu lassen, immer noch deutlich durchschien. Diese Erkenntnis, eigentlich abhängig zu sein von optischen Eindrücken, hat dazu geführt, daß ich mich gezwungen sah (was für mich auch wieder eine Versuchung war), entweder dagegen anzugehen oder so zu tun, als hätte ich es nicht gemerkt. Ich entschloß mich

HARTMUT KRAFT

dann, mit offenen Karten zu spielen und mich nicht inspirieren zu lassen, sondern das, was mich inspiriert, direkt zu benutzen. Also nicht als Quelle, sondern als Baustein. Seitdem baue ich aus diesen Steinen die Bilder, die mir am Herzen liegen. Daraus sind dann die Sammlungen der Originalreproduktionen entstanden.

Diese Art der Inspiration durch ein bestimmtes Werk, das aber durch einen bestimmten Künstler vorgegeben ist mit einer ganz bestimmten Intention und Aussage, kann durch Sie aber doch weder vollkommen getroffen noch gänzlich von Ihnen assimiliert werden. Könnte nicht gerade diese Tatsache der Grund dafür sein, daß Sie zur Serie gekommen sind, zur Sammlung, weil Ihr Eigenes zwischen den einzelnen Originalreproduktionen liegt? Ich meine in der Art, daß dieses Eigene durch diese verschiedenen Bausteine umschrieben wird in der Art, daß Sie mit diesen Bausteinen Ihr eigenes Haus bauen, und daß es deshalb logisch ist, daß das Ergebnis Ihrer Arbeit nicht die einzelne Originalreproduktion, sondern die Sammlung von Originalreproduktionen ist?

Das ist schon fast eine Analyse. Ja, ich war irgendwann natürlich unzufrieden mit dem einzelnen reproduzierten Bild. Es fing ja an mit der Reproduktion von trivialen 50er Jahre Fotos in den 70er Jahren und setzte sich dann fort mit Meisterwerken der Fotografiegeschichte, also Steichen, Penn, Umbo, Cartier-Bresson, Lartigue etc. in den 80er Jahren. Dafür prägte ich dann auch den Begriff der Originalreproduktion. Hier empfand ich das Einzelbild auch noch als befriedigend, was wohl etwas mit dem Medium Fotografie selbst zu tun hat. Das Reproduzieren fand ja im selben Medium statt, Foto vom Foto. Bei den Originalreproduktionen auf Leinwand wird ja eine künstlerische Technik sozusagen vorgespiegelt, es sind ja eben nicht gemalte Kopien nach Fotografien von einem Bild, sondern es handelt sich um einen Umdruck auf Leinwand ohne jede manuelle Bearbeitung, abgesehen vom Auftragen eines UV-Schutzlackes. Ich habe dann sehr schnell festgestellt, daß es sich, anders als bei Fotografie, eben nicht um Abbildung von Wirklichkeit oder Versuche Wirklichkeit einzufangen handelt, sondern um eine künstlerisch gesteuerte Wiedergabe von Empfindungen. Dann habe ich gemerkt, daß ich ja nicht mit dem Schöpfer dessen, was ich reproduziere, identisch bin, weder was die Optik, noch was die Empfindungen betrifft, daß also ein einzelnes Bild zuwenig ist, um das, was ich meine, auszudrücken. Also bin ich auf die Suche nach wenigstens noch einem Bild gegangen, das ich diesem zur Seite stellen kann, mit diesem konfrontieren kann, um in den Zwischenräumen das zu finden, was ich suche. Das Ergebnis ist dann eine Sammlung von Motiven, die das Bild ergeben, nach dem ich suche.

So könnte man vielleicht im Rahmen unseres Themas sagen, daß Sie von den Bildern, die Sie umgeben, gepeinigt werden, daß Sie Ihnen standhalten müssen, daß Sie sie gegebenenfalls aber auch als Teil Ihrer selbst und Ihres Erlebenskosmos anerkennen.

Jedes Bild, das mich aus einem Katalog heraus anspringt, mich beindruckt, wird ja verarbeitet, und ich denke auch, daß es sich dabei um einen Opfervorgang handelt. In dem Moment, wo dieses Bild, das sich von den anderen Abbildungen in diesem Katalog durch seine Qualität unterscheidet, und ich es auswähle, weil ich erkenne und weiß, daß es stärker ist als die anderen Bilder in diesem Katalog, aber auch stärker als das, was ich selbst z.B. als Maler hervorbringen könnte, daß ich mir diese Übermacht anzueignen versuche, indem ich sie durch den Vorgang der Reproduktion kleiner mache. Andererseits nimmt die Originalreproduktion gegenüber der Postkarte oder der Katalogabbildung wieder den Charakter eines Originals an. Daher auch der zwittrige Begriff Originalreproduktion.

Könnte man sagen, daß der Ausgang dieses Kampfes noch gar nicht entschieden ist?

Die Sammlung Versuchung des Heiligen Antonius *ist für mich eine neue Situation, weil ich das erste Mal ein Thema quer durch die Jahrhunderte behandelt habe. Bisher waren die anderen Sammlungen oder ›Modelle einer Sammlung‹ immer zeitgenössisch untereinander. Also 5 mal Expressionisten, 7 mal Pop Art, 4 mal Edward Hopper, 7 Blumenstilleben des 20. Jahrhunderts... Bisher als frühestes Beispiel für die Zeit der Jahrhundertwende existieren mehrere Sammlungen mit Motiven von Odilon Redon. Insofern denke ich, daß ich mir mit der Sammlung* Versuchung des Heiligen Antonius *die Kunstgeschichte nach hinten aufgeschlossen habe, und ich zukünftig wesentlich größere Schritte werde machen können und vielleicht daraus resultierend schneller zum Ziel gelange. Aus heutiger Sicht wäre eine Aussage: »Ich muß immer Originalreproduktionen machen«, vermessen, weil verfrüht, auch wenn diese Phase schon fast 18 Jahre andauert. Es muß aber auch nicht heißen, daß abzusehen ist, wann ich selbst wieder vor der Staffelei stehen werde. Ich könnte mir wesentlich eher vorstellen, daß sich als Resultat meiner intensiven bildmäßigen Beschäftigung mit den Bildern anderer eine Arbeitsform ergibt, die diese Bilder selbst nicht mehr benötigt. Das ist zum Teil ja jetzt schon mein Schreiben und meine Vortragstätigkeit, z.B. zum Feld des Sammelns. Das könnte aber auch das Lehren über diese Erfahrung an einer Akademie sein, das könnte auch das Kuratieren von Ausstellungen oder das Anlegen von Museumssammlungen sein.*

Wobei nicht auszuschließen ist, daß darunter auch einige Ihrer Originalreproduktionen zu finden wären?

Wenn es so weitergeht, ist das durchaus möglich, trotzdem ist für mich zur Zeit meine Dissertation und die Arbeit über Das zukünftige Museum für zeitgenössische Kunst *vorrangig. Ich danke Ihnen für das angeregte und für mich anregende Gespräch.*

HARTMUT KRAFT

Eric Otto Frihd

—

Sammlungen sammeln

Weil meine eigene Position relativ wenig Ergiebiges zu Ihrem Projekt beitragen könnte, habe ich mich kurzerhand entschlossen, die Rollen zu vertauschen und statt dessen einmal Sie zu befragen: Herr Theewen, 1991 haben Sie auf die Frage von Evi Spacek in Ihrem Katalogbeitrag für die Ausstellung *Brennpunkt 2* im Düsseldorfer Kunstmuseum, was Sie denn nun wirklich sind, geantwortet »Immer noch Sammler«.

Herr Fried, die Zeiten haben sich inzwischen geändert, heute würde ich sagen »Noch immer Sammler, aber jetzt mit Ambitionen auf das Museum«.

Diesen Aspekt werde ich später noch aufgreifen. Bevor das Band angestellt wurde, haben Sie mir erzählt, daß Sie eigentlich schon von klein auf fasziniert von Menschen waren, die sammeln. Scheinbar wurde überall um Sie herum irgendetwas gesammelt: Briefmarken, Münzen, Bücher, Bilder.

Darauf führe ich meinen Wunsch zurück, bildende Kunst und die damit zusammengehörenden Publikationen und Kataloge zu sammeln. Meine Mittel ließen das Anlegen einer ›richtigen Kunstsammlung‹ leider nur ansatzweise zu.

Wobei man ja Ihr *Salon*-Magazin durchaus auch als eine Form des Sammelns von Kunst bezeichnen kann.

Das stimmt, mir war wichtig, von noch relativ jungen und damals teilweise noch unbekannten Künstlern Beiträge zu veröffentlichen, die extra für Salon *realisiert worden waren. Insofern war und ist das einzelne Heft und erst recht* Salon 1–12 *komplett eine öffentliche Kunstsammlung. Der abgedruckte Künstlerbeitrag im Magazin ist das Kunstwerk, die gelieferte Zeichnung oder Fotografie war nur die Druckvorlage.*

Als es 1979 zur Ausstellung *Salon presents* im Museum Folkwang Essen kam, die dann auch in der Stiftung *t'Venster* in Rotterdam und bei *de Appel* in Amsterdam gezeigt wurde, äußerte Zdenek Felix im Katalogvorwort die Hoffnung, mit der Museumspräsentation dieses – ich zitiere – »offenen, undogmatischen, poetischen und humorvollen Kunstmagazins auch das Publikum außerhalb des Abonnentenkreises zu erfreuen.«

Was übrigens großartig gelungen ist, die Abonnentenzahl hat sich nach der Ausstellung mehr als verdoppelt. Übrigens waren über ein Drittel der Abonnenten Galerien und Ausstellungsinstitute.

Die Liste der versammelten Künstler liest sich auch heute noch fast wie ein ›Who is Who‹ der damaligen internationalen Avantgarde...

Adamski, Barry, Blume, Burden, Dahn, Disler, Federle, Feldmann, Gerz, Höckelmann, Mucha, Oehlen, Paladino, Paolini, Weiner...

Ich habe extra *Salon* erwähnt, weil man *Obsession/Collection* ja fast als *Salon*-Fortsetzung bezeichnen könnte, denn auch hier versammeln Sie ja klangvolle Namen und präsentieren das, was Sie bewegt...

Das ist richtig... Auch durch die im vorliegenden Band eingefügten Abbildungen von ›Mustercollectionen‹ funktioniert es ähnlich, die Entscheidung ist auch jetzt sehr subjektiv ausgefallen; also mit wem ich mich unterhalte und von wem ich mich in unserem Fall ausfragen lasse, wen ich für den Theorie-Teil einlade und wer das Fotografieren übernimmt. Das sind schon sehr persönliche Entscheidungen, denen oft auch langjährige Freundschaft oder frühere gute Zusammenarbeit zugrundeliegt; es hat aber auch mit Hochachtung vor der jeweiligen Leistung zu tun, durchaus im Sinne einer Hommage.

In der Gründungsphase von *Salon*, also circa 1976, hatten Sie sich von der eigenen Bildproduktion schon stark abgewandt und bereits mit Formen der Reproduktion experimentiert. Zuerst war es das Abzeichnen eigener Zeichnungen, dann das Durchpausen und kurz darauf die fotografische Reproduktion von zuerst anonymen und trivialen Bildmotiven, bis Mitte der 8oer Jahre dann von künstlerischen Fotografien und seitdem auf Künstlerleinwand gedruckte Reproduktionen von Malerei.

Das hing damit zusammen, daß mich meine damalige künstlerische Produktion nicht mehr befriedigte. So kam ich zur technischen Reproduktion von Bildmaterial, was für mich auch eine Art des Sammelns ist. Ich habe es schon 1986 für mein Buch Album *als »Sammeln von Fotografie mit der Kamera« bezeichnet. Damals wurde mir bewußt, daß ich eigentlich Sammlungen sammle.*

Die jeweiligen Arrangements Ihrer *Originalreproduktionen* von Malerei auf Leinwand, die ja die Reproduktionen von Fotografie inzwischen abgelöst haben, treten entweder in

ERIC OTTO FRIHD

Bezug zu bereits vorhandenen Kunstwerken, wobei sie teilweise als Ergänzung des Gesamtensembles funktionieren, oder sie sind als ›Sammlung in der Sammlung‹ ein mehrteiliges Kunstwerk, das sich in die bereits bestehende Kunstsammlung einfügt.

Dabei muß man sich darüber klar sein, daß der Umfang der Collectionen *auf Grund der grenzenlosen Möglichkeiten bezüglich Auswahl und Kombination auch ausufern kann. Einer meiner treuesten Sammler hat sich schon drei* Muster *einer Sammlung realisieren lassen und trägt sich mit Plänen für eine vierte.*

Wobei das überleitet zu den Überlegungen, die Sie hinsichtlich des Museums haben. Hans Irrek hat bereits in Ihrer 1993 erschienenen Monografie *Urformen der Kunst* gefordert, Ihnen ein Museum anzuvertrauen bevor Sie selbst eines realisieren...

Eigentlich war es das letzte Heft Salon, *ich wollte ja immer das Dutzend voll machen, auch wenn der zeitliche Abstand zu Nr. 11 fast zehn Jahre beträgt... Aber Sie hatten das Museum angesprochen; durch die angespannte Finanzlage der Museen und die Schwierigkeiten, das ›fehlende Bild‹ für die Sammlung zu erwerben, oder Fehleinkäufe und Unterlassungen von Vorgängern auszugleichen, wird die Auseinandersetzung mit der* Originalreproduktion *geradezu herausgefordert.*

Wie würden Sie denn die Möglichkeiten einer solch musealen *Collection* einordnen?

Rein optisch und für vergleichende Unterrichtsveranstaltungen halte ich sie für geeignet, wenn nicht sogar ideal. Es wäre zu überlegen, ob nicht auf diese Art empfindliche Lücken in der Sammlung geschlossen werden könnten...

Wenn man diesen Gedanken dann weiterentwickelt, ergäbe sich für das Museum doch auch die Möglichkeit, kunsthistorisch fundierte Sammlungen aufzubauen, sozusagen Simulationen von ›Schwerpunkten‹ oder ›Themensälen‹, die von der räumlichen, finanziellen oder geschichtlichen Situation des Museums unter normalen Voraussetzungen unmöglich zu realisieren wären.

Richtig. So könnte z.B. ein Museum, das sich der Kunst des 20. Jahrhunderts widmet, auf Grund der Vorlieben eines vorausgegangenen Direktors aber nur zwei Brücke Bilder hat, dafür aber zwanzig Blaue Reiter, ein Gleichgewicht durch einen Brücke-Raum schaffen, oder einen Raum mit Malerei an der Schwelle vom 19. zum 20. Jahrhundert; also die Möglichkeit die eigene Sammlung zu erweitern oder zu ergänzen durch Ankauf einer qualitativ ausgewogenen Sammlung Originalreproduktionen statt einiger ungleichwertiger Originale... So könnten auch als Serie konzipierte Bilder, die durch welchen Umstand auch immer, auf mehrere Museen und Privatsammlungen in aller Welt verteilt sind und am jeweiligen Ort immer Fragment bleiben müssen, – z.B. Monets Heuschober –, wieder komplett an einem Ort zusammengeführt werden. Vorher muß allerdings noch einiges am Begriff des Museums geklärt werden.

Dazu später. Sie sind inzwischen ja bis in die Malerei der aktuellsten Gegenwart vorgestoßen sind: Luc Tuymans, Salvo, Jan Knap, Sigmar Polke und Gerhard Richter...

Es geht mir hauptsächlich um Sammlungen von Bildern, die innerhalb eines festzulegenden Zusammenhangs wirken müssen, nicht um kunstgeschichtliche Zeiträume oder um Namen. So kam es dann auch zur Auseinandersetzung mit den Bildern von Heinz Zolper, einem befreundeten Maler, der für einen seiner eigenen Sammler eine Collection mit seinen eigenen Motiven anlegen ließ. Was dabei nicht übersehen werden darf: der Sammler sieht zwar Motive von Zolper, besitzt aber eine Arbeit von Theewen.

Was bei der Beschäftigung mit Ihrer Arbeit besonders auffällt, ist, daß das durchgehend kleine Format in Verbindung mit nahe am Vorbild angelegter Farbigkeit geeignet ist, Akzente an solchen Stellen im Raum zu setzen, wo großformatige Werke nicht plaziert werden könnten. Privatsammler haben das ja erkannt und überwiegend überzeugend bei der Hängung realisiert.

Anfänglich hielt ich dieses von den technischen Möglichkeiten vorgegebene Kleinformat für ein Handikap. Inzwischen habe ich festgestellt, daß es einen

ERIC OTTO FRIHD

wesentlichen Vorteil hat, weil die durchgehend hohe Qualität eine solche Mustercollection *auch zu einer optischen Belastung macht. Die Tatsache, daß es sich bei jedem Motiv um ein Meisterwerk handelt, führt dann dazu, daß die Zusammenfassung im annähernd gleichen Format zu einer neuen Aussage führt. Geballte Bildqualität wird vor dem Auge des Betrachters zum Muster. Da die einzelnen Motive durch die Qualität der benachbarten Motive jeweils auch wieder teilweise überlagert werden, wird die* Collection *selbst zum Bild.*

Wäre das denn mit größeren Formaten nicht möglich?

Nein, man käme dann automatisch in die Nähe der üblichen Kopien oder Faksimiles. Das Prinzip der Originalreproduktionen *ist aber, auf höchstem Niveau Sammlungen von Bildern sowohl unter Qualitätsgesichtspunkten als auch im Hinblick auf spezielle Sammler-Vorlieben zusammenzustellen.*

Als Künstler versagen Sie sich damit doch die Möglichkeit der Bild-Erfindung, oder?

Das ist nur teilweise richtig, weil die an deren Stelle tretende Bilder-Findung gleichermaßen befriedigend sein kann. Ich bin als Künstler und Sammler mit meinen Obsessionen und Entschlüssen immer allein, für mich hat sich nichts geändert. Der Weg vom Atelier über die Privatsammlung zum Museum beinhaltet für mich als Künstler zwar den Verzicht auf eigene Bilder, fordert aber gleichzeitig mein Vorstellungsvermögen als Theoretiker und damit auch wieder meine

Realisierungsfreude als Künstler heraus, insofern vermisse ich nichts. Auch Sammeln ist ein kreativer Akt...

Lassen Sie mich auf Ihre Anfangsaussage zurückkommen, daß Sie eigentlich gerne verstärkt Kunst gesammelt hätten. Wenn Ihnen das finanziell möglich gewesen wäre, hätten Sie denn dann auch selbst wieder eigene Bilder realisiert?

So stark vereinfacht kann man das nicht sehen. Originalreproduktionen sind kein Sparmodell für Sammler und keine Ersatzbefriedigung für einen scheinbar unproduktiven Künstler, sie haben ihre Vorläufer schon Mitte der siebziger Jahre, als ich triviale Motive fotografisch reproduzierte, was seine Fortsetzung bei Fotoreproduktionen von Klassikern der Fotografiegeschichte fand. Jetzt kann ich meine Lieblingsbilder anderer Maler auf diese Art ins Haus holen, zu einer wesentlich gründlicheren Auseinandersetzung mit diesn Bildern gelangen und sie dann in Collectionen zusammenfassen. Selbstverständlich kann dieses Vorgehen immer nur ein ›Modell einer Sammlung‹ zum Resultat haben. Auf der anderen Seite ergibt sich aber die Möglichkeit, im Dialog mit einem Auftraggeber gemeinsam eine Sammlung zu realisieren. Dieser Sammler erwirbt bewußt kein Einzelbild sondern explizit eine Sammlung von Motiven.

Das Ergebnis wäre, wie Sie oben bereits ausführten, dann als ›Bild einer Sammlung‹ zu bezeichnen. Ist dieser Gedankenaustausch mit dem Sammler nicht ein Moment der Unfreiheit in dem Sinne, daß Sie nicht frei wählen können, was Sie reproduzieren?

ERIC OTTO FRIHD

Anders als bei üblicher Auftragskunst habe ich wesentliche Freiheiten auf Grund meines Wissensvorsprungs als Theoretiker und der darauf gestützten Argumentation. Der Wunsch nach einer Sammlung kann auf einem anderen Qualitätsniveau erfüllt werden als der Auftrag zu einem ›gemalten‹ Bild, das dann unter Umständen nicht den Vorstellungen des Sammlers entspricht. Bei einer Sammlung von Originalreproduktionen läßt sich durch den Dialog eine Basis für den Aufbau der endgültigen Sammlung aufbauen. Eine Sammlung muß kein Bild von Rouault enthalten, wenn dieser Künstler dem Sammler nicht zusagt. Ergebnis des Dialogs wäre, daß anstelle des Rouault z.B. ein Lovis Corinth und eben nicht z.B. ein Bernard Buffet in die Collection aufgenommen wird. Dem Sammler ist in jedem Falle eine Sammlung von Meisterwerken sicher.

Ich möchte kurz abschweifen: Inzwischen ist ihr Verzeichnis der Beuys-Vitrinen mit ungeheurer Resonanz erschienen, Sie halten Vorträge und Gastvorlesungen in Museen und Hochschulen des In- und Auslands, arbeiten sowohl an einem Werkkatalog der Öfen von Rosemarie Trockel für den Basler Wiese-Verlag, schreiben an einer Monografie über Felix Droese und promovieren gerade bei Bazon Brock über reflexive Präsentationsformen... ein strapaziöses Pensum. Wie bewältigen Sie das eigentlich?

Ich stehe einfach morgens um 7 Uhr auf und fange an.

Und wie bringen Sie diese unterschiedlichen Aktivitäten inhaltlich auf einen Nenner; werden Sie nicht oft auch als Konzept-Künstler mißverstanden?

Nein. Ich sehe keinen Unterschied darin, ob ich Bilder oder Daten und Fakten, Sätze und Wörter sammle, zusammenfüge und öffentlich mache. Wichtig sind die Resultate, also die fertige Collection, das realisierte Buch und der Vortrag, nicht das Planen oder das sich Versagen des eigenen Bildes. Sammeln hat zwar mit Planen und Konzeption zu tun, aber das war schon immer Voraussetzung oder Bestandteil von Kunst. Es ist immer das Thema ›Sammeln‹, das ich bearbeite, auch wenn ich, zusammen mit Marion und Roswitha Fricke, eine Museumsausstellung mit Buchdokumentation zum Thema ›Künstlervitrine‹ konzipiere...

Ihre bisher vorgestellte Arbeit bietet also sowohl dem Privatsammler als auch dem Museum verschiedene Möglichkeiten.

...nicht zu vergessen das Büro, das Krankenzimmer, den Verwaltungsflur, was ja nur die Frage nach Umfang und ›Absicht‹ einer in diesem Fall auch öffentlichen Collection aufwirft. Es läßt sich natürlich auch daran denken, Bilder aus der eigenen Sammlung, die sich vielleicht für Jahre als Leihgabe in einem Museum befinden, oder die für längere Zeit beim Restaurator sind, zusammenzufassen und sozusagen als ›Stellvertreter‹ immer präsent zu haben. Ein anderer Aspekt, der noch nicht erwähnt wurde, ist der Zugriff auf Motive aus der unter normalen Umständen unerreichbaren Sammlung eines ›Konkurrenten‹. Es kann so zu einer Verschmelzung mit den Originalen der eigenen Sammlung kommen; Lücken im Konzept können geschlossen werden.

Sie beschäftigen sich gerade sehr intensiv mit dem Museum für zeitgenössische Kunst und haben Ihre Überlegungen für eine Dokumentation der Bundeskunst- und Ausstellungshalle zusammengefaßt.

Hier muß ich Sie berichtigen, mit dem »zukünftigen Museum für zeitgenössische Kunst«... Eine ausführliche Streitschrift zu diesem Thema ist in Arbeit und steht vor der Veröffentlichung.

Das klingt so, als wären Sie mit dem, was es zur Zeit an Museen gibt, nicht zufrieden.

Ich sehe mehr Möglichkeiten der Verbesserung in Richtung der Beuys'schen Vorstellung vom Museum mit Universitätscharakter und ich bin davon überzeugt, daß man das nur in vielen kleinen flexiblen und unter Umständen auch mobilen Einheiten, – sowohl personell als auch räumlich –, realisieren kann.

Könnten Sie sich auch Künstler als Leiter solcher zukünftiger Museen vorstellen?

Sicherlich.

ERIC OTTO FRIHD

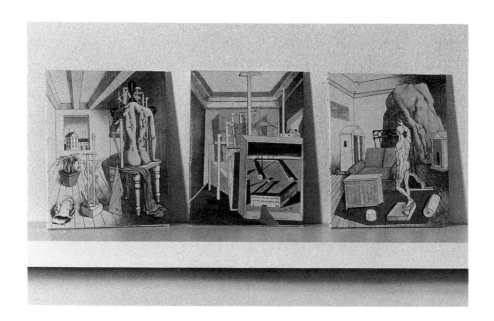

Es sollten also Leute sein, die von beiden Seiten der Kunst etwas verstehen, also Theorie und Praxis. So wie Sie...

Das haben Sie gesagt.

Ich berufe mich dabei nur auf den bereits angesprochenen Text *Multiple Handlungsformen* von Hans Irrek. Aber Sie würden es doch machen, oder?

Selbstverständlich. Man wird es noch erleben.

Dabei fühle ich mich an einen Satz von Panamarenko erinnert, »Wenn ich anfange, das Ding zu bauen, dann ist es natürlich das Fliegen an sich... Aber wenn ich damit beschäftigt bin, dann wird das Bauen das Wichtigste.«

Da ist etwas Wahres dran, für mich ist aber wichtig, diese Dinge, auch das zukünftige Museum für zeitgenössische Kunst zu realisieren, flugfähig zu realisieren, um im Bild von Panamarenko zu bleiben. Also nicht »Der Weg ist das Ziel.«

Ihre bisher realisierten Projekte sprechen dabei ja für sich. Zum Abschluß würde mich noch interessieren, ob die von Ihnen ausgeübte Form des künstlerischen Sammelns nicht eigentlich das Ende des leidenschaftlichen Sammelns darstellt, schließt es sie nicht sogar von vornherein aus, und besteht die unstrittige Attraktivität der *Originalreproduktionen* nicht zu einem großen Teil auch im Preis?

Beide Fragen kann ich verneinen. Bei den Collectionen *geht es darum, das rich-*
tige Bild zu finden. Ein Diptychon ist fast willkürlich realisierbar, ein Triptychon
ist schwieriger, aber eine Collection *von 7 und mehr Motiven zusammenzustel-*
len hat viel mit Sammeln als Suchen und Jagen zu tun. Der Akt der Auswahl, bis
die Collection *komplett ist, kann sich über einen langen Zeitraum hinziehen.*
Meistens macht das letzte Motiv die größten Probleme, weil es die Entscheidung
für den Abschluß dieser Collection *ist. Die Annahme, diese Art des Sammelns sei*
billig, ist ein Irrtum. Dem Slogan eines Zigarettenherstellers, »Es war schon
immer etwas teurer, einen besonderen Geschmack zu haben«, kann ich mich an-
schließen. Die Entscheidung für Originalreproduktionen *ist eine Entscheidung*
für Qualität, sie kann nie vom Preis diktiert sein. Der größte Fehler eines Samm-
lers wäre, ein mittelmäßiges Stück zu kaufen, nur weil es billig ist.

Aber die im Buch abgebildeten *Collectionen* sind doch im Vergleich zu den Vorbildern,
also z.B. Jawlensky, Rouault und Matisse, geradezu spottbillig?

Vergessen Sie nicht, daß eben keine Bilder von Odilon Redon, Luc Tuymans
oder Sigmar Polke an der Wand hängen und auch keine Sammlung von ›alten
Meistern‹, sondern eine mehrteilige Arbeit eines zeitgenössischen Künstlers…

Lassen Sie mich das Gespräch in Abwandlung des Schlußsatzes von Walter Grasskamps
Text über Ihr fotografisches Œuvre [*Fotografie im Konjunktiv*, 1986] mit der Frage
beenden: »Würden Sie diesem Mann eine Gebrauchtsammlung abkaufen?«

ERIC OTTO FRIHD

Gerhard Theewen

—

Recherche als Versuch eines Portraits des Sammlers Reiner Speck

Herr Speck, eine Annäherung an Sie als Sammler aus Leidenschaft könnte in der Aufzählung dessen beginnen, was Sie sammeln...

Carl Andre, Joseph Beuys, Marcel Broodthaers, Güner Brus, Daniel Buren, James Lee Byars, Walter de Maria, Dan Flavin, Gilbert & George, On Kawara, Per Kirkeby, Jannis Kounellis, Mario Merz, Bruce Nauman, Hermann Nitsch, Palermo, Sigmar Polke, Arnulf Rainer, Dieter Roth, Niele Toroni, Cy Twombly, Franz Erhard Walther, Lawrence Weiner, womit wir uns erst beim Stand der Sammlung von 1983 befinden.

Die 1983 im Krefelder Katalog vertretenen Künstler ließen über ihre Namens-nennung kaum Geschlossenheit oder Stringenz vermuten. Worin lag aber die Ge-meinsamkeit dieser Namen, die damals den Kern der Sammlung bildeten?

Erstens darin, daß es zeitgenössische Künstler waren; zweitens, daß sie mehr oder weni-ger gleichzeitig im Laufe von fast zwanzig Jahren gesammelt wurden; drittens, daß sie mit kleinen und großen, scheinbar unbedeutenden wie wichtigen Arbeiten vertreten waren. Die in Krefeld erfolgte historisierende Zuordnung von Dingen, die zwischen Zufall und System ein Privathaus angefüllt hatten und nun von dieser vermeintlichen Wunderkammer in die »Traumhäuser des Kollektivs« wanderten, machte aber auch den Sammler betroffen. Die erzwungene Besinnung lähmte – wenn auch nur vorüber-gehend und kurzfristig – seine weitere Erwerbstätigkeit. Das Sammeln zeitgenössischer Kunst war plötzlich erstarrt durch epochale Zuordnung.[1]

In seinem Katalogtext zur Ausstellung Ihrer Sammlung 1983 im Museum Haus Lange/Haus Esters in Krefeld schreibt Gerhard Storck zum Abschluß: Seit 1972, als ich das erste Mal Kontakt zu Reiner Speck aufnahm, ist mir ein solcher Sammler nicht mehr begegnet. Einer, der in ausgesuchtester Form sich alles an-eignen möchte, dem jedoch materieller Besitz längst nicht alles bedeutet.

Die Frage nach dem Sammeln von Kunst ist so müßig wie nach dem Grund ihrer Ent-stehung. Angesichts einer eudämonistischen Geste stellt sich Glücksgefühl beim Sammler wohl nur beim Betrachten des Ganzen ein – Betroffenheit dagegen bleibt vor jedem einzelnen Werk.[3] Natürlich sollten dem Kritiker und dem Sammler allein das Werk genügen, aber letzterer muß es erst einmal besitzen. Der wahre Sammler muß wählen können, sonst bleibt seine Sammlung Anhäufung.[13] Wer sich nicht bei jedem Kauf bis an die Grenzen seiner Möglichkeiten erschöpft, der ist für mich kein leidenschaftlicher Sammler.[6]

Inzwischen sind 10 Jahre vergangen, und Sie haben Ihr Augenmerk inzwischen auf weitere, jüngere Künstler gelenkt.

Die nur zeitweilig beherrschte Obsession setzte sich dann doch mit Künstlern fort, in deren Werk sich vielleicht eines Tages geheime Verbindungen zu den eben erwähnten feststellen lassen. Für mich jedenfalls beinhaltet das durchaus Neue und Gott sei Dank auch oft Unausdeutbare bei Trockel und Dahn, Förg und Kiecol, Oehlen und Gilles, bei Herold und Kippenberger, Gerdes und Schütte, Asher und Pettibon, die jetzt den Schwerpunkt des jüngeren Teils der Sammlung ausmachen, eine apokryphe Genealogie zu denen, die bis zum Beginn der 8oer Jahre meine Sammlung prägten.[1]

Ihre Sammlung war und ist immer noch berühmt für die in ihr versammelten Arbeiten von Joseph Beuys. Wie kam es zum Sammeln von Beuys?

Der Beginn einer Beuys-Sammlung ist zwar ein geistiges Datum, meist aber gleichzeitig das einer tief beeindruckenden Begegnung. Wie für die meisten seiner ihm ein Leben lang verbundenen Sammler liegt diese auch bei mir inzwischen 26 Jahre zurück und fällt zusammen mit der ersten großen Museumsausstellung von Joseph Beuys in Mönchengladbach 1967. Der Katalog war als Karton mit Filz und Braunkreuz wie selbstverständlich erstes Stück einer Sammlung, die sich zunächst auf den konsequenten Erwerb der Multiples beschränken musste.[5]

Als einer der frühesten Beuys-Sammler waren Sie ja zuerst einmal Hohn und Spott Ihrer damaligen Kollegen in der Klinik ausgesetzt.

Beuys-Sammler, das spürte man schon damals, waren auch immer Bekenner, auf die etwas von der magischen Energie der angesammelten Objekte und Zeichnungen überging. Die Vitrinen, die immer theatrum mundi und Sarg zugleich waren, schufen eine Aura, die jeder spürte und doch kaum einer zu artikulieren verstand. Beuys sammeln hieß auch arbeiten, wie dies in solchem Umfang kein anderer Künstler verlangte.[5]

Sie haben einmal über Ihr Sammeln von Beuys geschrieben: Ich empfand die in meine Sammlung gelangten Stücke nie als Einzelwerke, sah vielmehr die großen wie die kleinen als gleichwertige Teile eines Gesamtwerkes, ja einer Welt, in der das Kupfer der einen Arbeit mit dem Filz der anderen korrespondierte.[5]

All diese Dinge gelangten in die Sammlung einerseits durch Erwerbung aus dem Kunst-handel, andererseits direkt aus dem Atelier des Künstlers, das eher ein Labor war. Ein auf den ersten Blick hin unscheinbares Objekt erwies sich im nachhinein als un-umgänglicher Baustein jenes Mikrokosmos, der im Haus des Sammlers entstand. Ergänzung, Beleg und Stimulans zugleich erfuhr der Sammler auch immer wieder dann durch den Künstler, wenn eine neue kleine Exegese veröffentlicht wurde. Beuys erwies sich nicht nur wegen der Fülle der Publikationen von ihm und über ihn als Faszinosum für einen Sammler, der als wesentlichen integrierten Bestandteil seiner Kunstsammlung auch eine umfangreiche Bibliothek sieht, sondern auch wegen der vielfältigen literari-schen Bezüge seiner Arbeiten. Wie selbstverständlich wuchs – aber keineswegs neben-her, sondern aus einer inneren Notwendigkeit heraus – eine komplette Sammlung seiner Kataloge, Bücher, Pamphlete und anderer Dokumente.[5]

Im Katalog Beuys zu Ehren *schrieben Sie über das Gemeinsame bei Beuys-Sammlern: »Beuys Sammeln war für viele auch Prozeß einer Ichfindung – das war das Gemeinsame zwischen seinen ihn adorierenden Anhängern und seinen Sammlern, die eigentlich fast alle unpolitisch waren, keine Heilsbotschaften mit in die Welt tragen wollten und sogar ein wenig asozial wirkten.«*[5]

Es bedurfte einer Art Weltanschauung, um Beuys zu sammeln – oder auch nicht zu sam-meln; und das ist selbst bis in die Ankäufe von Museumsdirektoren spürbar. Ohne ein ›J'accuse‹ zu prononcieren sei erwähnt, daß in des Chronisten Sammlung eine Arbeit von Joseph Beuys gelangte, die der Leiter einer öffentlichen Institution ein Jahr zur Ansicht und Prüfung – auch seiner selbst – vor sich hatte und dennoch schließlich ohne diesen Künstler sein Haus, das Spitzenwerke des Jahrhunderts beherbergt, eröffnete.[5]

Sie sind Urologe von Beruf und Sammler aus Leidenschaft, Sie sind auch Vorsitzender der von Ihnen 1982 gegründeten Marcel Proust Gesellschaft. *In erster Linie aber werden Sie als Kunstsammler gesehen.*

Wenn man über mich als Sammler redet, muß man auch über Proust sprechen.[6] Marcel Proust erkannte, daß jeder Leser, wann immer er liest, immer ein Leser seiner selbst ist. Überträgt man diese Feststellung auf den Sammler, so wird damit angedeutet, daß eine Kunstsammlung zu einem großen Teil Substrat einer persönlichen Obsession ist, die auch etwas von dem Para-Künstler im Sammler decouvriert. Das erklärt übrigens, war-um in bestimmten Sammlungen bestimmte Künstler fehlen und, übertragen auf die Kongenialität des Kurators, warum dieser eine Auswahl trifft. Wann aber dürfen For-men und Äußerungen von Begierden öffentlich werden? Die Antwort lautet: Wenn die Kunstgeschichte es erfordert.[12]

Ein Charakteristikum ist, daß Sie die meisten Ihrer Künstler persönlich kennen und mit vielen einen distanzierten Umgang pflegen. Für einen Katalog von Günther Förg schrieben Sie in Briefform den folgenden Satz, der sich eigentlich ja auch auf das Abschreiten von Sammlungen beziehen läßt: Alles, was wir Zyklus oder Folgen nennen, muß sukzessiv wahrgenommen, abgeschritten, durchlebt werden – und zwar im richtigen Raum und in der richtigen Reihenfolge.[5]

Sammeln ist auch eine permanente Wiederbelebung der Kunst. Sammeln schafft Ordnung, Ordnung spiegelt Bezüge, und das Erkennen von Bezügen führt zur Offenbarung eines Werkes.[6]

Im gleichen Text zu Förg schreiben Sie: »Um Ihnen zu antworten, habe ich natürlich (nochmals) alle bisher erschienenen Kataloge durchgeblättert und alles gelesen, was je über Sie geschrieben wurde. (Das ist so meine Art, vielleicht eine berufsbedingte Gründlichkeit, die einen zwingt, sich alles anzuhören, bevor man zur Tat gleich Therapie schreitet.)«[5]

Ich muß jede Woche mehrere Bücher lesen.[7]

Weiter schrieben Sie: An diesem Sonntagmorgen kommt es – angesichts Ihrer großen strengen Arbeit, die jetzt vor einem Regal gelehnt steht und damit 700 Bücher verdeckt – endlich wieder an den Tag: Jedes Sehen von Bildern ist ein Herabtauchen in unsere eigenen uns unbekannten Abgründe und ein Stöbern in unseren Bibliotheken.[5]

Von solcher Art sind vielleicht die Motive meines Sammelns, hier liegen vielleicht die Gründe meiner sehr privaten Traktate darüber.[5]

Herr Speck, Sie sind als ›homme de lettres‹ über den ›homme des arts‹ wieder zum ›homme de lettres‹ geworden durch den Umstand, daß Sie sich letzten Endes die erworbenen Kunstwerke durch Schreiben über sie aneignen.

Solange ich sammele, war ich auch immer bemüht, das schwärmerische Apologetentum in eine etwas distanziertere Exegese münden zu lassen. Über fast alle Künstler, die in meiner Sammlung vertreten sind, habe ich geschrieben. Es wurde publiziert in Zeitungen, Kunstmagazinen und Katalogen.[1]

Sie haben auch einmal gesagt: Das Sammeln ist die Fortsetzung des Lesens mit einem ohnehin weitsichtigen Blick.

Sie wissen ja, ich lebe zwischen Buch und Bild.[5]

Ich zitiere aus einem Bericht über Sie: Die Geburt der Kunst aus dem Sammeln der Bücher: Der eigenwillige Ursprung einer Obsession macht die Sammlung Speck einzigartig. Wie ein roter Faden durchzieht sie ein belletristisches und kalligraphisches Element, enthält sie viele Arbeiten von Künstlern, die mit Wort, Sprache, Schrift arbeiten wie Cy Twombly, Marcel Broodthaers, Jannis Kounellis, Joseph Beuys und Dieter Roth. Speck – als Mediziner wie als Sammler ein besessener Erforscher der ›Aberration von Schönheit und Gesundheit‹.

Das Sammeln von Kunst ist für mich keinesfalls Erholung von der Anstrengung des ärztlichen Alltags. Das hieße die Kunst mißbrauchen, wollte man sich in ihr erholen. Meine Beschäftigung mit Kunst bedeutet lediglich die Fortsetzung eines Dauerstresses mit anderen Mitteln.[14]

Caron de Beaumarchais Satz »Für jede Art von Gütern gilt der Besitz nichts, der Genuß aber alles« kennzeichnet im wesentlichen die Haltung des Sammlers zu dem, was er hat – sagt aber nichts aus darüber, wie es in die Sammlung gelangte.

Jeder, der sammelt, führt ein Leben zwischen Zufall und System. Deshalb ist es müßig, wie gern geschehen, nach der Ersterwerbung zu fragen, um darüber etwas vom Wesen eines Konvoluts von Kunstwerken zu erfahren, das im günstigsten Falle den Namen Sammlung verdient.[1] Wenn irgendwo Kunst mit Leben zu tun hat, dann in den vermeintlich toten Archiven von Sammlungen zeitgenössischer Kunst, denn dort ruhen die Dinge, an denen die museale Welt – wenn auch nicht immer verschlafen oder hochmütig – vorbeigegangen ist.[12] Ein Konzeptpapier, ein Künstlerbrief, ein Objektbuch oder eine Zeichnung waren ebenso aufschlußreich für das Œuvre eines Künstlers wie ein natürlich auch vorhandenes großes Bild oder eine raumergreifende Skulptur.[1]

In Ihrer Monographie über Peter Ludwig schreiben Sie über das Erlebnis des echten Sammlers, der seine jüngste Erwerbung von Raum zu Raum mitnimmt, tagsüber vor den Schreibtisch stellt und abends neben das Bett hängt, um sowohl Raum- als auch Zeitkriterien in die Beurteilung mit einzuspannen auf der Suche nach Wahrheit und Wesen des Kunstwerkes. Ist das einer der Gründe dafür, daß Sie Ihre Stücke in Ihrem Haus in den normalen Ablauf integrieren, also teilweise auch Abnutzung wenn nicht gar Beschädigung in Kauf nehmen?

Die Kunst soll mit mir altern.[7]

Es ist ein offenes Geheimnis, daß Ihre Sammlung als eine der bedeutendsten in Deutschland, wenn nicht gar in Europa zu gelten hat. Können Sie etwas darüber sagen, wie es zu einem solch sicheren ›Griff‹ kommt?

Das Sehvermögen stellt sich verläßlich dort wieder ein, wo man Bewährtem, Qualitätvollem oder wirklich Neuem begegnet. Dann gesellt sich zur Urteilskraft des Auges schnell der Riecher – und alle Weichen zum Kunstkauf sind gestellt. Das Herbeiführen dieses auratischen Moments ist eine wesentliche Fähigkeit des Sammlers – und gerade diese ist erlernbar und trainierbar im permanenten Umgang mit der Kunst. Lesen über Kunst und Betrachten von Kunst wechseln einander kontinuierlich ab. Ich glaube, der Besitz einer Sammlung garantiert dem Individuum ein unvoreingenommenes Ausloten und Beurteilen von Kunst unter sehr lebendigen Bedingungen. Vom kunsthistorischen Standpunkt oder aus der Sicht des Kunstkritikers mögen solche Versuche, durch Traktate dem Anliegen des Künstlers oder der Bedeutung des Werkes auf die Spur zu kommen, suspekt sein, für den schreibenden Sammler aber tragen sie zur Klärung von Zusammenhängen bei und bestimmen darüber hinaus die der Sammlung innewohnende Logik.[1]

Es gibt ja verschiedene Gründe für das Sammeln, auch für das Sammeln von Kunst...

Das zweckfreie Sammeln tritt heute mehr in der Maske des zielstrebigen Beutemachens auf, während das zweckorientierte Anhäufen dem eigentlichen prähistorischen Jagen mehr entspricht. Der eine jagt und häuft, um sich seines Lebens zu versichern, der andere sichtet und sammelt, um auch nach seinem Tod zu überleben.[4]

Emil Preetorius hat gesagt »Die echte Sammlerfähigkeit ist ein Stück schöpferischer Potenz«. Gibt es außer den eben von Ihnen angeführten Punkten, die zumindest was Ihre Person angeht, Preetorius bestätigen, Aspekte des Sammelns, die bisher noch nicht angesprochen wurden?

Sammeln macht krank, bereitet schlaflose Nächte, löst Familienstreit aus und verschuldet.[10] Über die Psychologie des Sammelns ist schwieriger zu schreiben als über die Liebe. In einer Welt der dinglichen Überschwemmung ist der Sammler einer der wenigen, die bewußt und leidend Verzicht üben.[3] Solange im Besitz ihrer Sammlung, sind die Sammler die reichsten Armen; nach deren Verkauf die ärmsten Reichen.[1]

In einem fiktiven Brief an den amerikanischen Kunstsammler Raymond J. Learsy beschreiben Sie nach dem Besuch der Ausstellung Bilderstreit *den Unterschied zwischen europäisch geprägtem und amerikanischem Sammeln:*

Es war für mich so aufschlußreich wie beglückend, bei Ihnen neben großformatigen Arbeiten eben auch exzellente Zeichnungen, ausgewählte Graphiken und schön gemachte Bücher zu finden, die in dieser Konstellation etwas von jenem zugleich kenntnisreichen und passionierten Sammeln offenbarten, das Kunst so viel leichter zu verin-

GERHARD THEEWEN

nerlichen vermag, das aber auch eben (natürlich nicht von ungefähr) vielleicht mehr
dem europäischen als dem amerikanischen Umgang mit den Dingen entspricht. Nach
Besuch der zweifellos großen Sammlungen, zu denen wir Dank Ihrer Hilfe Zutritt hatten, sah man in Ihrem Hause doch schnell, daß Sie jemand sind, der nicht für die Kunst
lebt, geschweige denn von ihr, sondern eben mit ihr. So sehr ich Ihre amerikanischen
Freunde um ihre Lofts beneide, das dort Angesammelte ließ mich zuweilen an Lager
und ausziehbare Depots von Kunsthändlern denken...[11]

*Geld spielt keine, Rolle ist der Titel einer Lattenarbeit von Georg Herold, Doch,
doch ist ein Aquarell von Ludger Gerdes betitelt. Beide Arbeiten befinden sich in
Ihrer Sammlung. Wie sehen Sie die immer stärker in den Vordergrund gerückte
Dimension des Geldes im Zusammenhang mit Kunst?*

Wir, die Sammler haben Interesse geweckt und wachgehalten, Nachfrage hervorgerufen,
deren Opfer wir nun geworden sind. Und dennoch meine ich manchmal: Gute Kunst
kann gar nicht teuer genug sein![8]

*Was aber von vielen sogenannten Händlern und sogenannten als Sammler ver-
kleideten Spekulanten schamlos mißverstanden wurde.*

Preissteigerung kann vom engagierten Sammler zeitgenössischer Kunst nie ernsthaft er-
wünscht sein. Das unheilige Synonym von Kunst und Kunstmarkt, von Wert und Preis,
gilt es wieder zu zerstören. *Kunst=Kapital* ist dem wahren Sammler suspekt.[1]

...solange diese Gleichung nicht im Sinne von Beuys verstanden wird.

Kunst ist ihm in erster Linie geistiges Kapital. Berühmt gewordene Sammler traten nicht
mit dem Ziel an, als solche bekannt oder gar vermögend zu werden, sondern um über
Kunst etwas Existentielles zu erfahren. Sie investierten nicht in Kunst, sie lebten für sie
und mit ihr. Investment setzt zuerst Kapitalanhäufung und dann gezieltes Anlegen vor-
aus; der Sammler hingegen verfügt ob seiner dauernden passionierten Akquisitionen nie
über viel Mittel, ist sogar meist verschuldet. Kunst bietet auf ambivalente Weise die
Möglichkeit, über einen sehr teuren Einsatz eine kostbare Erfahrung zu machen.[1]

*Einen weiteren Unterschied zwischen amerikanischem und europäischem Sam-
meln sehen Sie im Unterschied zwischen Haltung und Gewinnstreben.*

Beim Aufbau von Kunstsammlungen und Privatbibliotheken ist der europäische Sammler noch weitgehend in einer europäischen Tradition befangen, die zwischen den Polen
Skurrilität und denkmalstiftender Generosität angesiedelt ist: dazwischen liegt meistens
eine von Leidenschaft und Bildung getragene Kennerschaft. Amerikanische Sammler

sind wohl mehr von der Idee einer Wertsteigerung und eines Bankspiels motiviert. Man findet deshalb dort eher Ansammlungen.[1]

Ich glaube langsam zu verstehen, daß für Sie Sammlung eigentlich gleichbedeutend ist mit der Verwirklichung einer Idee von etwas, was im Idealfall auch geeignet ist, Aussagen nicht nur über die Zeit zu machen, aus der die gesammelten Dinge stammen, sondern auch über die Zeit, in der sie gesammelt wurden, letztendlich aber etwas aussagt über die Person des Sammlers selbst.

Nur ein Sammler kann einen Sammler wirklich begreifen.[7]

QUELLENNACHWEIS

1 *Portrait des Sammlers als Medium, Exeget, Archivar und Katalysator.* Vortragsmanuskript, Uffizien Florenz, 1988
2 *Ohne Titel.* Sonderdruck des Deutschen Ärzteblattes vom 17. Juni 1983
3 *To the happy few.* Ausstellungskatalog der Sammlung Speck, Krefeld 1983
4 *Peter Ludwig. Sammler.* Frankfurt am Main 1986
5 *Beuys Sammeln* in *Beuys zu Ehren.* München 1986
6 *Der leidenschaftliche Sammler* in Parnass, 5/1988
7 Birgit Kilp: *Die permanente Wiederbelebung der Kunst* in Artefactum, Sept./Oct. 1988
8 *Die Mafia wäscht ihr Geld mit Kunst* in Der Spiegel, 49/1988
9 *Lieber Günther Förg...* in *Günter Förg – Stations of the Cross,* 1989
10 *Der Sammler und die Kunst* in Suchen, sehen, sammeln. Art Frankfurt 1990
11 *Dear Raymond...* in ZeitZeugeKunst. Bilderstreit-Almanach. München 1990
12 *Privatissime et gratis* in Ars Pro Domo. Museum Ludwig Köln, 1992
13 *Polke! Polke!,* Gesellschaft für moderne Kunst am Museum Ludwig, Köln 1992
14 Sammlerportrait in *Ambiente,* Heft 3/1990

Das Sammeln ist eine Krankheit, noch dazu eine unheilbare.
Aber es ist die schönste Krankheit, die es gibt. Von ihr kann man
in jeder Schicht getroffen werden. Man kann auf jeder Einkommenstufe
ein Sammler sein. Wir dürfen nicht vergessen, es geht um Leidenschaft.
Wenn ein Sammler wirklich passioniert ist, wird er immer über seine
finanziellen Möglichkeiten hinausgehen, wird immer versuchen, seine Konten
bis zum letzten auszureizen. Wenn ein Sammler einen Picasso kaufen will,
den er sich nicht erlauben kann,bringt er eben große finanzielle Opfer.
Es gibt Sammler, die sehr bescheiden leben.

Simon de Pury
Leiter von Sotheby's Europa

JEAN-CHRISTOPHE AMMANN Studium der Kunstgeschichte, Literatur und christlichen Archäologie. Dissertation über Louis Moilliet. Direktor des Museum für Moderne Kunst in Frankfurt. Deutscher Ausstellungskommissar für die Biennale Venedig 1995. Lebt in Frankfurt am Main.

DANIEL BUCHHOLZ Galerist, Kunsthändler und Kunstvermittler mit Schwerpunkt Kunst der 80er/90er Jahre. Mitherausgeber des *International Index of Multiples from Duchamp to the Present* und Kurator von Ausstellungen. Lebt in Köln.

ERIC OTTO FRIHD Studium der Philosophie und Kunstgeschichte. Dissertation über *Künstlerräume*. Leiter des Instituts für Kunstgeschichte des 20. Jahrhunderts an der Universität Budapest. Lebt in Budapest.

HANS IRREK Studium des Kommunikationsdesigns und der Kunstgeschichte. Zahlreiche theoretische und praktische Arbeiten zu den Themen Kunst, Design und Ästhetik. Vorträge, Ausstellungsinszenierungen und Kunstvermittlungen. Lebt in Wuppertal und Düsseldorf.

WALTHER KÖNIG Fachbuchhändler (Kunst, Design, Architektur, Film, Mode, Fotografie und Design) und Verleger von Büchern, Katalogen und Reprints von zeitgenössischen Künstlerbücherunikaten (z.B. On Kawara: *I Went, I Read, I Met,* Journal). Lebt in Köln.

DIETER KOEPPLIN Dissertation über *Cranachs Ehebildnis des Johannes Cuspinian von 1502. Seine christlich-humanistische Bedeutung.* Seit 1967 Vorsteher des Kupferstichkabinetts der Öffentlichen Kunstsammlung Basel. Lebt in Basel.

HARTMUT KRAFT Psychoanalytiker und Nervenarzt. Promotion über *Das geeignete Krankenzimmerbild.* Transkulturelle Sammlung zum Bildthema *Kopffüßler* und Sammlung zeitgenössischer Kunst. Buchpublikationen u.a. zur Psychodynamik kreativer Prozesse, zum Schamanismus und zur Initiation. Lebt in Köln.

PAUL MAENZ Galerist für die Kunst der internationalen Avantgarde in Köln (1970–1990). Verschiedene Text-, Katalog- und Buchveröffentlichungen zur Gegenwartskunst (u.a. mit Gerd de Vries): Art & Language, Art Deco, Die 50er Jahre. Lebt in Berlin.

REINER SPECK Arzt, Sammler, Publizist. Promotion über Gottfried Benn. Begründer der Marcel-Proust-Gesellschaft. Veröffentlichungen über Themen der Kunst, Literatur und Medizin. Mitarbeit an der Bibliographie Joseph Beuys. Lebt in Köln.

HARALD SZEEMANN Studium der Kunstgeschichte, Archäologie und Zeitungswissenschaft in Bern und Paris. Seit 1970 freier Konservator (Agentur für geistige Gastarbeit). Permanenter freier Mitarbeiter am Kunsthaus Zürich. Lebt in Tegna.

GERHARD THEEWEN Studium der Bildhauerei an der Kunstakademie Düsseldorf. 1976–1984 Herausgeber des Kunstmagazins *Salon.* Publikationen, Vorträge und Ausstellungen zur Thematik des Sammelns und des Museums. *Originalreproduktion.* Buchveröffentlichungen: ›Complete Collection 1 und 2‹, ›Album‹, ›Urformen der Kunst‹, ›Verzeichnis der Vitrinen von Joseph Beuys‹; Monographien über Felix Droese und Rosemarie Trockel in Vorbereitung. Lebt in Köln.

Inhalt

ABBILDUNGSNACHWEIS

Umschlag: Willem van Haecht,
Die Sammlung des Cornelius van der Geest, 1628. Rubenshaus Antwerpen.
Seite 4: Titelkupfer des Museum Wormianum, 1655. Seite 6: Wohnung Billy Wilder.
Seiten 12/13: Katalog der *Inaugural Selection*, 1959, des Guggenheim Museums, New York.
Seite 30: Jan Brueghel der Ältere, *Der Gesichtssinn* (Detail), 1618, Museo del Prado, Madrid.
Seiten 47 und 49: Abschlußbericht der Galerie Paul Maenz, *1970–1980–1990*.
Seiten 57 und 59: Buchhandlung Walther König, Köln.
Seite 60: *Schloß Ambras*, Kupferstich von Matthäus Merian, 1649.
Seite 70: Galerie Daniel Buchholz, Köln. Seite 73 und 75: Antiquariat Buchholz, Köln.
Seite 108: Henry Fox Talbot, Tafel VIII aus *The Pencil of Nature*, 1844.
Seiten 33, 35, 41, 63, 68, 79, 83: Auswahl von Publikationen der jeweiligen Gesprächspartner.
Alle anderen Abbildungen:
Originalreproduktionen von Gerhard Theewen als ›Modelle von Sammlungen‹.

1. Auflage
500 numerierte Exemplare
20 Vorzugsexemplare mit einer individuellen
zweiteiligen *Collection* von Gerhard Theewen
(Motive auf Anfrage)

2. Auflage
500 Exemplare, 1995

COPYRIGHT 1994
Gerhard Theewen, Odeon Verlag und die Autoren.

FOTOGRAFIEN
Dietmar Fuchs, Köln

TYPOGRAFISCHER ENTWURF
Kühle und Mozer, Köln

LITHOGRAFIE
Heinrich Miess, Köln

DRUCK UND VERARBEITUNG
Runge, Cloppenburg

ISBN 3-928989-06-5

ODEON VERLAG FÜR KUNST UND LITERATUR
DÜRENER STRASSE 245 · D-50931 KÖLN